Heinrich Höhn
Nürnberger Gotische Plastik

SEVERUS Verlag

ISBN: 978-3-95801-741-2
Druck: SEVERUS Verlag, 2017
Nachdruck der Originalausgabe von 1922

Satz und Lektorat: Jannick Grighun

Der SEVERUS Verlag ist ein Imprint der Diplomica Verlag GmbH.
Bibliografische Information der Deutschen Nationalbibliothek:
Die Deutsche Nationalbibliothek verzeichnet diese Publikation in der Deutschen Nationalbibliografie; detaillierte bibliografische Daten sind im Internet über http://dnb.d-nb.de abrufbar.

© SEVERUS Verlag, 2017
http://www.severus-verlag.de
Printed in Germany
Alle Rechte vorbehalten.
Der SEVERUS Verlag übernimmt keine juristische Verantwortung oder irgendeine Haftung für evtl. fehlerhafte Angaben und deren Folgen.

Heinrich Höhn

Nürnberger Gotische Plastik
112 ganzseitige Abbildungen

MIX
Papier aus verantwortungsvollen Quellen
Paper from responsible sources
FSC® C105338

Die frühesten auf uns gekommenen Denkmäler der Plastik Nürnbergs, die künstlerische Bedeutung beanspruchen können, sind, außer ein paar romanischen Türklopfern, die am Ende des 13. Jahrhunderts gemeißelten Grabplatten der Anna Groß (†1294) und des Konrad von Neumarkt (†1296), jetzt in der Eingangshalle des wGermanischen Nationalmuseums. Es ist zwar wahrscheinlich, dass außer diesen bildnerischen Arbeiten noch einiges aus romanischer Zeit und aus dem 13. Jahrhundert in Nürnberg vorhanden war, was uns späterhin, etwa 1671 beim Brand des Barfüßerklosters oder 1696 bei der Zerstörung der Egidienkirche durch Feuer, vernichtet wurde. Allein eine große Zahl von Bildwerken wird das kaum gewesen sein. Und so kann man sagen, dass erst spät, in der ersten Hälfte des 14. Jahrhunderts, Nürnberg im Gebiet der Bildhauerkunst achtunggebietend und im weiteren Ausmaße schöpferisch hervortritt. Damals waren ja die besten Taten der früheren mittelalterlichen Plastik Deutschlands längst getan. Schon geraume Zeit schmückten unsterbliche Steinbildwerke reich gereiht die Goldene Pforte des Domes zu Freiberg in Sachsen, und längst waren die Dorne von Hildesheim, von Naumburg, Straßburg und Bamberg mit plastischen Gebilden bevölkert und umkränzt, die zu den genialsten Schöpfungen deutschen Geistes gehören und uns heute jeder Zeitlichkeit entrückt erscheinen.

Dass Nürnberg aber so spät mit nennenswerten Hervorbringungen in den großen starken Fluss der deutschen plastischen Entwicklung eintritt, hat seine Ursache zunächst darin, dass es als Stadtwesen verhältnismäßig spät sich gründete und langsam sich entwickelte. Es ermangelte noch jeder Bedeutung, als etwa das als Kaiserpfalz und als Versammlungsort für Reichstage wichtige Forchheim, als Regensburg oder Bamberg, Erfurt oder Köln bereits auf eine längere städtische Entwicklung von weitwirkender politischer, wirtschaftlicher und kultureller Kraft zurückblicken konnten. Soweit wir heute unterrichtet sind, wird Nürnberg im Jahre 1050 urkundlich zum ersten Mal erwähnt. Es wird da als kaiserliches Gut genannt. Beziehungen zu den deutschen Kaisern hat es dann immer wieder gehabt: nach den Berichten der alten Chronisten soll Konrad III. im Jahre 1140 das Egidienskloster gegründet haben, Barbarossa war es, der die Burg über der Stadt zu einem stattlicheren Bau erweiterte, und gern weilten in der Folge die Kaiser auf der Burg und hielten in den Mauern der Stadt Reichstage ab. Doch kaiserliche Gunst, die im künstlerischen Sinne hätte fruchtbar werden können, erfuhr es nicht vor dem 14. Jahrhundert. Und auch dann hatte die kaiserliche Huld für die Plastik Nürnbergs keine große schöpferische Wirkung. Eine Bischofsstadt und damit ein Vorort der die Kunst so· mächtig anregenden kirchlichen Kultur ist es niemals geworden. Wie gering seine Bedeutung kirchlich lange war, erhellt zur Genüge schon daraus, dass die Peterskapelle, die einst an der Stelle der Sebalduskirche stand, nach dem kleinen Orte Poppenreuth eingepfarrt war und dass die Kapelle zum Heiligen Grabe, die ursprünglich am Platze der Lorenzkirche sich erhob, der Pfarrei Fürth unterstand.

Die Stadt musste sich wesentlich aus eigener Kraft emporarbeiten. Erst in der Zeit, als die aristokratische Kultur des Mittelalters schon im Verblühen war und als das Bürgertum allenthalben mächtig emporkam, erschuf sie sich Rang und Wert. Die Wappenschilder an den Konsolen vieler Figuren in den Kirchen sagen uns, dass die Aufträge für die kirchliche Plastik vor allem dem einheimischen Patriziat, dessen bedeutendste Persönlichkeiten als Ratsmitglieder und große Handelsherren am bürgerlichen Gemeinwesen unmittelbarsten und tätigsten Anteil nahmen, zu danken sind. Nürnberg ist eine bürgerliche Schöpfung. Und als bürgerliche Schöpfung bringt die Stadt dann auch eine Kunst hervor, deren Hauptcharakterzüge bürgerliches Gepräge haben. Allerdings haben ihre frühen auf uns gekommenen plastischen Werke noch manche Merkmale jenes aristokratischen, auf monumentale Form gerichteten Geistes der ersten stolzesten Blütezeit der deutschen Bildhauerkunst. Indes, bald genug wird das in der Stadt heranwachsende plastische Schaffen zum Ausdruck der bürgerlichen Kultur und ihrer begrenzteren Empfindungs- und Denkweise und ihrer nüchtern-tüchtigen Tatkraft. Es fehlt der Bildnerei in Nürnberg nicht an Gefühlstiefe, ja nicht an Mystik und Phantastik, aber all das nimmt in der Regel vielmehr eine volkstümlich-einfache, als eine von großer Schwungkraft eingegebene und zu überzeitlicher Form kühn emporwachsende künstlerische Prägung an.

Hinzu kommt, dass das Antlitz der Kunst in Nürnberg sehr stark noch mitbestimmt wird durch den fränkischen Stammescharakter. Seine Art muss selbst auf Künstler, die von auswärts kamen, um in der Stadt zu arbeiten, nach allem, was wir beobachten können, zurückgewirkt haben. Er neigt zum Herb-Charakteristischen, Schlichten und hat einen entschiedenen Zug zu zäher nüchterner Arbeitsamkeit und zuweilen zu einem etwas schweren grüblerischen Ernst, überlässt sich aber gern auch einmal einer derb-frohen Sinnesweise. Das Volkstümliche ist ihm unmittelbar näher als das Aristokratische. Erst im späteren Verlauf der künstlerischen Entwicklung Nürnbergs gehen aus dem fränkischen Volkstum Künstler wie Stoß und Dürer hervor, die einen hohen Flug nehmen, eine leidenschaftlich-starke Gebärde haben und zu typisch-deutscher und damit internationaler Größe emporwachsen.

Die Bildhauerkunst wird auf dem Boden Nürnbergs zuerst als Architekturplastik schöpferisch. Sie knüpft an: einmal an die 1309 ausgeführte Erweiterung der Seitenschiffe der ursprünglich im Übergangsstil ausgeführten Sebalduskirche, dann an die – abgesehen von den Türmen und vom Chor – wohlum die Mitte des 14. Jahrhunderts erreichte architektonische Vollendung der Lorenzkirche, die nun den plastischen Schmuck ihrer Fassade erhält.

Die mittelalterliche Architekturplastik war eine „angewandte" Kunst im großartigsten Sinne. Sie stand zwar unter dem gebieterischen Oberbefehl der Architektur und musste dieser sich einordnen. Doch sie nahm am monumentalen Geiste der Architektur durch die enge Verbindung mit dieser unmittelbar teil und wurde dadurch selber monumental. Auch sank sie in dem streng zu innerlich großer Haltung und Form verpflichtenden Dienste nicht zur Sklavin herab, denn sie durfte ja gerade an tektonisch und funktionell wichtigen Baugliedern, etwa an den Hauptpfeilern und den Portalen, austreten. Wie die Blüten das Wesen eines Baumes am feinsten und klarsten ausdrücken, so sprechen die plastischen Bildwerke den Sinn jener Bauten am beredtesten und verständlichsten aus: sie betonen und umkränzen feierlich den wichtigen edlen Trägerdienst der rhythmisch hingereihten Mittelschiffpfeiler, sie locken und mahnen an den Portalen zum Eintritt und sie weisen an den Chorpfeilern innen und außen die Bedeutung des Kirchengebäudes als einer Stätte der Anbetung Gottes und einer segenspendenden Heimat der Seele. Sie entwickeln, namentlich an den Portalen, die Grundvorstellungen der christlichen Heilslehre in ideenreichen, gedanklich untereinander fest verknüpften Folgen und haben dem nicht im Dienste der Kirche stehenden Gläubigen, der damals gewöhnlich die Kunst des Lesens noch nicht kannte, auf dem Weg über das Auge wesentliche geistige Nahrung und seelisches Heil zu verheißen und zu spenden. Die mittelalterliche Kirchenarchitektur und die an ihr erblühende Plastik ist also von vornherein eine Einheit, und es geht nicht an, die eine getrennt von der anderen verstehen und genießen zu wollen. Und innerhalb des Bereiches der Plastik selbst darf man, will man zum Wesen dieser aus großen geistigen Zusammenhängen heraus schaffenden Kunst so weit vorbringen, bis es all seinen beglückenden Tiefsinn und all seine beflügelnde Rhythmik offenbart, nicht so sehr die Einzelfigur suchen und sie gesondert von ideell zugehörigen Nachbarn künstlerisch erfassen wollen, sondern muss den Blick zuerst und zuletzt an die ganze Reihe der gedanklich miteinander vergesellschafteten Figuren wenden. So sind die Gestaltenreihen und Szenen an den Leibungen und in den Bogenfeldern der Kirchenpforten und so die Propheten- und Apostelfolgen an den Pfeilern und Wänden anzusehen. Nur aus solchen Überlegungen gelangt man auch zu einem vollen Verständnis der Nürnberger Architekturplastik der ersten Hälfte des 14. Jahrhunderts. – Voran steht hier der bedeutende Meister, der am Südportal der 1309 erweiterten Seitenschiffe von St. Sebald das Jüngste Gericht, eine von fest zufassendem Formgeist zeugende, drastisch-lebendige Darstellung, weiter die Figuren der Engel und des Abraham, der die Seligen im Schoß hält, vor allem aber die Figuren des Petrus und der heiligen Katharina schuf. In diesen Schöpfungen lebt noch viel von dem aristokratischen Empfinden und der monumentalen Auffassung und Gestaltung des Heldenzeitalters der mittelalterlichen Deutschen Plastik, das in der ersten Hälfte des 13. Jahrhunderts seine Höhe erreichte. Ganz besonders muss das Standbild der Katharina hervorgehoben werden. Es ist eine der herrlichsten Leistungen der Bildnerkunst in Nürnberg. Selbst aus der starken Zerstörung heraus, die ihre Spuren der Figur der Heiligen so deutlich aufgeprägt hat, leuchtet noch sieghaft die überlegene Kunst, mit der das überaus fein ausgeformte, von gepflegten Löckchen umschmiegte Rundgesicht zu einem höfisch gezähmten, aber doch fast schalkhaften Lächeln gebildet und der edle Stoff der weiten Gewandung mit feinem feierlich-schönen Gehänge zum Schmuck für den adligen Körper gemacht ist. Allerdings ist dies köstliche Werk ohne Anregung durch die große Plastik des deutschen Westens, des Oberrheines und damit Frankreichs, kaum denkbar, womit nicht gesagt werden soll, dass es irgendwie eine Nachahmung sei. – Der Einfluss der rheinischen Plastik, den Nürnberg ja mit allen deutschen Vororten der Bildhauerkunst des 13. und 14. Jahrhunderts gemein hat, dauerte bis ins 15. Jahrhundert fort. Das aber hinderte nun keineswegs, dass schon in der ersten Jahrhunderthälfte die Künstlerpersönlichkeiten, die in Nürnberg schaffen, ihrer persönlichen Art nach deutlich sich scheiden. Damit berühren wir eine Eigenschaft, die der Nürnberger Plastik bis ins 16. Jahrhundert hinein eigentümlich ist. Die Bildhauer werden wohl oft von einem gemeinsamen auswärtigen Formideal geleitet, aber untereinander haben sie mit ihrer Kunst nur sehr wenig oder gar keine Beziehung. Sie stehen meist unvermittelt nebeneinander und folgen häufig genug ebenso unvermittelt aufeinander. Mit ausgeprägt persönlichem Willen wahren sie in enger Nachbarschaft mit anderer Art die ihre kräftig, fast eigensinnig. Wie entschieden scheidet sich gleich vom Meister der Katharina der Meister der Apostel an den Mittelschiffpfeilern von St. Sebald! In seiner von einem gesunden Gefühl für die Besonderheiten des Steinmaterials bedingten, fest geschlossenen plastischen Form wirkt der Sinn für große monumentale Wirkung, der die deutsche Plastik des vorangegangenen Jahrhunderts so wirkungsgewaltig gemacht hat, ebenfalls nach und ist das große Beispiel, das die rheinische Plastik gegeben hatte, wiederum spürbar. Zugleich tritt jedoch der großzügigen und feingestuften Anmut des Meisters der Katharina hier in den derbknochigen, breit gebildeten Köpfen und der breitfallenden flächigen Gewandung der Apostel eine herbere Lebensauffassung gegenüber. Sie bildet ebenso die geistige Grundlage für die beseelte großgeformte Figur des heiligen Erhard, die mit ihrem offenen, von Tatkraft erfüllten Antlitz so grundgermanisch anmutet, und gleicherweise für die herrlichen Gestalten der Diözesanheiligen Heinrich und Kunigunde. In der Darstellung des Kaiserpaares ist die kernige Kraft der Apostelgestalten, die als geistesgewaltige, grüblerische Männer des Volkes aufgefasst sind, gemildert. Und die Erdschwere und der willensstarke Ernst, die den Standfiguren des Apostelmeisters eigentümlich sind, treten in den mit überlegenem Können flächig geformten Köpfen des Kaisers und der Kaiserin besonders lebendig in Erscheinung und finden sich da mit natürlichem Herrscheradel und gelassen-aristokratischer Haltung zu monumentaler Einheit zusammen. – Wieder einen völlig anders gearteten Künstler sehen wir an den Figurenreihen der klugen und törichten Jungfrauen des Brautportals derselben Kirche am Werke. Er denkt und fühlt zwar ganz wie die beiden anderen Meister im Zusammenhang mit der Architektur und weiß wie seine künstlerischen Genossen, dass die Plastik des Rheins – und die Vorbilder seiner Figuren sind offenbar die Statuen der klugen und törichten Jungfrauen des Münsters zu Freiburg im Breisgau gewesen – in ihren besten Werken dauernde Werte geschaffen hatte. Doch er ist unbedeutender als seine beiden Gefährten und hält es mit zierlich-frischer Anmut und einer verhalten sich gebenden Gefühlsinnigkeit. Die von ihm geschaffenen Jungfrauen sind kindlich schüchterne Mädchen in der ersten zarten Blüte. Eine volksliedhafte Innigkeit klingt in den trauernden törichten Jungfrauen auf und wird durch den rhythmischen, fein abgewandelten Parallelismus der Kopfneigung dem Beschauer höchst eindringlich zum Bewusstsein gebracht. Die Haltung der schmiegsamen Arme und die musikalisch-wilde Führung der Gewandfaltenzüge stehen mit alledem in harmonischem Einklang.

Den größten Auftrag programmatischen Charakters in Nürnberg hatte der Meister zu erfüllen, der um die Mitte des Jahrhunderts den Skulpturenschmucks für die Hauptfassade von St. Lorenz in Auftrag bekam. Es galt, die Erlösung der Menschheit von der durch Adam und Eva in die Welt gebrachten Sünde im Leben und Opfertod Christi und den Abschluss dieses Erlösungswerkes im Jüngsten Gericht zu schildern. Freilich reichte die künstlerische Kraft des Meisters für die Bewältigung eines schon der Idee nach so gewaltigen Stoffes nicht aus. Er sucht Anregung und Stütze für sein Schaffen in den Skulpturen des Portals am Freiburger Münster und in französischen, ihm vielleicht durch kleine Elfenbeinreliefs vermittelten Anregungen. Aber er hat nicht mehr einen so ungebrochen monumentalen Geist wie der Meister der Südpforte und der Apostelmeister von St. Sebald. Zwar sind einige der Figuren zu den Seiten der Portalöffnung selbst wie die hohen, ornamental behandelten Prophetengestalten und der aus mächtiger Lebensfülle atmende Verkündigungsengel, der ein wenig nach vorn geneigt mit höfisch-feinem Lächeln seinen Gruß darbringt, immer noch großzügige Leistungen von Rang und wirklich plastischem Sinn. Die Reliefs des in drei Streifen geteilten, hoch hinaufgeführten Spitzbogenfeldes und die kleinen Sitzfiguren der Leibungen dagegen gleiten bereits in eine stark ornamentale, an die Kleinplastik gemahnende Formweise ab. In den beiden unteren Reliefs unmittelbar über den Türöffnungen aber bietet ein Charakterzug sehr liebenswürdig und frisch sich dar, der in der gesamten späteren Kunst Nürnbergs bis hin zu Kraft, Dürer und den Schwänken des Hans Sachs immer wieder begegnet: der unmittelbare Sinn für das tatsächliche bewegte Leben. Maria liegt mutterstolz lächelnd auf ihrem Wochenbett, und glücklich lächelnd empfängt sie auch die eifrig herzustrebenden Könige. Ein Hirte lehnt lässig an seinem Stabe, und die Kamele im Gefolge der Könige recken lebhaft die langen Hälse. Alles ist mit großer Schilderungslust, die gern bei Einzelheiten verweilt, fast vollrund und recht eindringlich-scharf aus dem Stein herausgearbeitet. Eine gewisse Erzählerfreude war auch bei der Durchführung der oberen Reliefs rege, nur gerät sie da in einen wesentlich nüchterneren Ton. Solche Erzählerlust und ihre Neigung zu einer etwas trockenen Berichterstattung und Charakterisierung ist bezeichnend für noch manches andere Werk der gotischen Plastik und Malerei auf dem Boden Nürnbergs.

Wie das eben erwähnte Relief mit der Geburt Christi und der Anbetung der Könige, zeichnet auch die herrliche freiplastische Gruppe der Anbetung der Könige mit der frisch lachenden Maria an zwei nördlichen Mittelschiffspfeilern der Lorenzkirche ein frohes starkes Lebensgefühl aus. Noch einmal nimmt, in ihren hohen um 1350 gemeißelten Gestalten, rheinische Formkultur persönlich gefärbte Ausdrucksweise an. Mit wie großem Griff der bedeutende Meister des Werkes noch gestaltete, beweist vor allem der edle, seherisch-lebhafte Kopf des zum Stern emporweisenden Königs, aus dem, wenn auch durch zweimal abwandelnde Vermittlung westdeutscher und französischer Plastik verschleiert, das Formideal der Antike, das im Mittelalter lange halbverborgen fortlebt, uns grüßt. – Die idealistische Grundgesinnung des Mittelalters, die hier nach dem Erhabenen strebt, hat sich bei der Formwerdung des meisterlichen Reliefs mit dem Tod, dem Begräbnis und der Krönung Mariä im Tympanon des westlichen Nordportals von St. Sebald ins Milde und Zarte gewendet. In diesen anmutgesättigten, symmetrisch gebundenen Kompositionen ist da, was die trocken gereihten Szenen der oberen Reliefs des Portals der Lorenzkirche vermissen lassen: dichterisch beseeltes und bei aller Gebundenheit rhythmisch gegliedertes und rhythmisch bewegtes Leben. Es kommt namentlich in den klagenden Aposteln zu Worte. In diesem Zusammenhang darf das Grabmal des 1356 verstorbenen Konrad Groß in der Spitalkirche genannt werden. Nicht weil der Künstler, der es machte, mit dem Meister jenes Marien-Reliefs formal irgendetwas zu tun hatte, erwähnen wir das Grabmal hier, sondern nur, weil die feingearbeiteten Gestalten der Leidtragenden an den Pfeilern der Schriftplatte von ähnlich zarter und fein rhythmisierter Empfindung sind. Ihre Haltung ist befangen, allein dadurch wird die stille Trauer der im Gewand der Zeit gegebenen Männer und Frauen, die innig beten, ihrem Leidgefühl sich hingeben oder ernst vor sich hinsinnen nur noch sinnfälliger und rührender.

Ganz anders die ungefüg-derben, aber repräsentativen und als Schmuck der Wand wirkungsvollen Reliefs mit Kaiser Ludwig dem

Bayern, dem Beschützer des Nürnberger Handels, und der Gruppe der Brabantia und Norimberga, die wohl noch unmittelbar vor der Jahrhundertmitte entstanden und den Rathaussaal zieren. Sie haben mit den vielen derber gearbeiteten Figuren des schön gegliederten Wandtabernakels im Chor von St. Sebald und den vom Meister dieses Tabernakelschmuckes geschaffenen Reliefs, die an den Strebepfeilern des gleichen Chores die Passion volkstümlich-drastisch erzählen, den Zug zu einer dekorativ-ornamentalen Behandlung gemeinsam.

Sie bestimmt im Wesentlichen auch die vielgerühmte reiche Figurenwelt des Schönen Brunnens, die wohl von einem durch böhmische Kunst inspirierten Meister in den achtziger und neunziger Jahren des Jahrhunderts geschaffen wurde. Eigentlich monumentales Gefühl, das noch die wohlgewachsene, unvergleichlich gut in Stockwerke abgeteilte, mit Zierrat überglänzte Architektur des Brunnens beschwingt, darf man in den etwas steifbeinigen und etwas bürgerlich-ehrenfest aufgefassten Gestalten der Helden und Kurfürsten im ersten Stockwerk des Aufsatzes nicht suchen. Bedeutend ist die plastische Fertigkeit, soweit das die überarbeiteten und stark zerstörten Reste im Germanischen Museum erkennen lassen. Und auffallend bei einigen Köpfen das feine Individualisierungsvermögen. Wir bilden einen von ihnen ab und möchten nicht unterlassen, auf die ebenfalls ursprünglich dem Brunnen zugehörigen vorzüglichen Prophetenköpfe im Berliner Museum hinzuweisen. Die frischen heiteren Köpfe an den Konsolen sind zwar nicht eben sorgsam behandelt, aber wichtig als Zeugnis für das in Nürnberg einheimische Vermögen, das Leben genremäßig und lebendig zu spiegeln. Schmückende kleinplastische Arbeiten ähnlicher Grundstimmung und Haltung treten übrigens bereits an den Konsolen der Strebepfeiler des 1361–79 erbauten Chores der Sebalduskirche auf, wo ein predigender Mönch mit zwei Hörern, wo Männer und Frauen in Zeittracht und allerlei Getier die Schaulust vergnügen. Die Figur eines zweiten Nürnberger Brunnens, die in Erz gebildete des bekränzten, stillfröhlich musizierenden Burschen vom Brunnen des Spitalhofes, gehört ebenfalls hierher. Sie ist ein typisches Erzeugnis urwüchsigen Volkshumors.

Auch in der Madonnendarstellung wird allmählich die monumentale Gesinnung der früheren Zeit verlassen. Die noch im Anschluss an den rheinischen Typ geschaffene, gut gearbeitete Maria am ersten Südpfeiler des Chores der Sebalduskirche trägt zwar Krone und Zepter, doch ihr Antlitz und ihre von reicher Gewandung stattlich umgebene

Gestalt gingen aus einer sehr wirklichkeitsfrohen Charakteristik hervor und sind wie die Hände ziemlich derb. Die mit sicherem plastischem Willen energisch aus dem Stein herausgeholte, frei bewegte und herzhaft lächelnde Madonna Winklerstraße 3, verdient als kräftig-lebenswahres Werk des 14. Jahrhunderts Erwähnung. Sie ist, wie die Zeit es liebte, von hohem schlankem Wuchs. Dieser wiederholt sich in der sorgsam gemeißelten Mutter Gottes vom Hause Weinmarkt 12a, jetzt im Lapidarium des Germanischen Museums. Das noch bekleidet dargestellte Kind hält eine volle Traube, und das liebliche Mädchengesicht der heiligen Frau sieht aus, als sei es irgendeiner anmutvollen Wirklichkeit getreu nachgeschildert.

Wir gewahren also allenthalben, wie gegen Ende des Jahrhunderts die Nürnberger Bildnerei die idealistische Sphäre der Großplastik des früheren Mittelalters mehr und mehr verlässt und einer größeren Wirklichkeitstreue zudrängt. Sie geht damit einen Weg, den die deutsche Plastik damals allerdings allgemein einschlug. Es ist aber unverkennbar, dass dieser Weg der fränkischen Stammesart, die nun in einheimischen Meistern mehr und mehr zu Worte kommt, ganz besonders entspricht.

Nicht, dass im 15. Jahrhundert die Plastik Nürnbergs der idealistischen Auffassung völlig entbehrte und die Bildhauer nun mit einem platten nüchternen Realismus sich begnügten. Am besten kann wohl eine solche irrige Vermutung die feierlich-schöne Grablegung Christi in der Wolfgangskapelle der Egidienkirche, die 1446 aus einigen zusammengefügten mächtigen Steinblöcken herausgemeißelt wurde, widerlegen, denn Grundstimmung wie Formgebung sind in der Hauptsache idealistisch. Der Künstler hat die Formen zum Typischen vereinfacht, den toten Heiland ohne jede schärfere Charakterisierung seines Leidens dargestellt und den Schmerz der Leidtragenden zu einer stillen Trauer gemildert. Freilich steht das edle und außerordentliche Werk mit seiner idealistischen Haltung in dieser späten Zeit allein. Auch mischt sich schon ein leiser, der aristokratischen Auffassung des hohen Mittelalters abgewandter Zug zu volkstümlich-schlichter, man ist versucht, zu sagen: bürgerlicher Empfindung ein. – Darüber, wie wenig fähig übrigens die Nürnberger Plastik bereits vor dem Ende des 14. Jahrhunderts noch war, einen bedeutenden monumentalplastischen Auftrag groß durchzuführen, geben die derben, kurzen, zum Teil recht oberflächlichen und zu äußerlichster Dekorationswirkung überreich zusammengeordneten Figuren der Vorhalle der Frauenkirche alle Gewissheit. Und wenn ein feines Relief der Tetzelkapelle der Egidienkirche aus dem ersten Viertel des 15. Jahrhunderts den gekreuzigten Christus mit einem gewissen idealistischen Pathos schildert, so ist es höchst bezeichnend, dass zu Füßen des Heilandes die Soldaten, die um seinen Rock würfeln, mit offensichtlicher Freude an der Beobachtung des Lebens und sehr überzeugend dargestellt werden. Ungemein bemerkenswert erscheint für den Fortgang der plastischen Entwicklung hier auch die realistische Bildung des knochigen Antlitzes des Engels in der Gruppe der von einem Volkamer gestifteten Verkündigung an der südlichen Innenwand des Ostchores von St. Sebald.

Der Engel hat noch den hohen schmalen Bau der Figuren des vorangegangenen 14. Jahrhunderts. Allein sonst ging Hand in Hand mit der Neigung zu einer volkstümlich-bürgerlichen Schilderungsweise nun die Vorliebe für untersetzte Gestalten. Sie bildet ein formales Hauptmerkmal der schon um 1400 in oder bei Nürnberg geschaffenen Tonbildwerke. Unter ihnen ragen die sitzenden Tonapostel des Germanischen Museums hervor. Die Lust an der Fülle der Gewandung hat den meisterlichen Schöpfer dieser liebevoll geformten Bildwerke zu immer wechselnden ornamentalen Motiven geführt. Die beseelten Köpfe, die mit feinster Durchmodellierung zu nachdenklichem oder heiter-aufmerksamem Ausdruck gebildet sind, offenbaren eine tiefdringende Beobachtung persönlich-menschlicher Art. Vom selben Meister rührt die still-feierliche, edle Abendmahlsdarstellung her, die später in einem Frührenaissancealtar der Lorenzkirche aufgestellt wurde und ebenfalls durch die lebendigen Köpfe sich auszeichnet. Stilistisch schließen sich die untersetzten Holzfiguren Christi, der zwölf Apostel und des heiligen Deokarus im Mittelschrein des Deokarusaltares der gleichen Kirche hier wahlverwandt an. Dass eine Kunst, die so innerliche Köpfe in zartesten Stufungen der Form zu schaffen vermochte wie in jenen Tonarbeiten, auch das Bildnis meistern würde, stand zu erwarten. Ausgezeichnete Bildnisse hat die Nürnberger Bildhauerkunst um diese Zeit in den Grabmälern des Deutschordensritters Konrad von Egloffstein (†1416) in der Jakobskirche und des reichen Bürgers Herdegen Valzner (†1426) in der Spitalkirche hervorgebracht. In dem zuerst genannten Grabdenkmal zweifellos noch viel aristokratisch-ritterliche Lebensstimmung idealistischen Gepräges, dabei aber eine überraschend getreue Wiedergabe des bärtigen Antlitzes und der schmalen Hände. Das Valzner-Grabmal hat dann schon wesentlich bürgerlicheren Charakter. Wie hier das breite, starkknochige, mächtig gewölbte Haupt mit den im Tode etwas eingefallenen Augenhöhlen und Wangen unter nachdrücklicher Betonung nur der großen Formen dem Leben nachgeschaffen ist, das wirkt in seiner großartigen Wahrhaftigkeit fast erschreckend. – Alle Merkmale des mächtig wachsenden Realismus der Epoche versinnlicht uns die mit reichstem plastischem Leben ausgestattete volkstümlich-kernige Figur des von einem Mitglied der Familie Rieter gestifteten Christus mit den Wundmalen und der Dornenkrone, die an der Nordseite der Sebalduskirche aufgestellt war, nun aber im Germanischen Museum sich befindet, während an Ort und Stelle eine Kopie angebracht ist. Dem Künstler des derbkräftigen Werkes war es um eine recht eindringliche Vergegenwärtigung des Leidens zu tun. Als das überzeugendste Beispiel dafür, wie unwillkürlich und bewusst zugleich die Zeit und insbesondere die Nürnberger Plastik dem Realismus zusteuerte, muss die gewaltige lebensstrotzende Sandsteinfigur des heiligen Christopherus neben dem Ostchor der Sebalduskirche gelten. Der Kopf des 1442 von Heinrich Schlüsselfelder gestifteten Werkes ist der eines Mannes aus dem Volke. In diesem bärtigen Haupte und den knochigen wankenden Beinen spiegelt sich getreu die Mühsal schweren Tragens. Das Jesuskind zeigt sehr derbe Formen. Die holzgeschnitzte Beweinung Christi im Haller-Altar der Kreuzkirche, die in die achtziger Jahre zu fetzen ist, deutet bereits auf die realistische Kunstweise des Malers Michael Wolgemuth. Vielleicht hat er den Entwurf zu der schlichten stimmungsvollen Gruppe geliefert. Die aus aufmerksamem Naturstudium erwachsene Darstellung des Christuskörpers veranschaulicht wiederum die künstlerischen Absichten jener Jahre und ist in ihrer Art eine sehr tüchtige Arbeit.

Wenden wir den Blick auf einige gute, dem 15. Jahrhundert angehörige Marienfiguren, so können wir auch in ihnen schon bald die rasch zunehmende realistische Strömung wahrnehmen. Die kraftvoll einheitlich durchgebildete, im Germanischen Museum aufbewahrte Madonna vom Lobenhoferschen Hause an der Fleischbrücke, die namentlich durch die rhythmisch schöne Ordnung der schweren Gewandfülle fesselt, hat das etwas nüchterne Antlitz einer jungen festen Bürgersfrau und hält ein recht derbgewachsenes Bürgerskind auf den Armen. Die berühmte Madonna im Strahlenkranz an einem Chorpfeiler der Sebalduskirche, eine der anmutvollsten und besten Schöpfungen der gesamten deutschen Bildnerei der Zeit, blickt mit irdisch-glücklichem Lächeln auf ihr kräftiges Kind hinab und ist, trotz der Krone, die zwei Engel ihr eben aufs Haupt setzen wollen, viel mehr Mutter als Himmelskönigin. Und ähnlich menschlich mutet die noch kaum recht beachtete köstliche Mutter Gottes am Hause Josephsplatz 7 an, nur dass ihr Antlitz von großem tiefem Ernst erfüllt ist. Nürnbergisch lebensgetreu im Gesichtsausdruck geriet die mit mütterlichem Stolz auf der Mondsichel thronende Madonna (im Kapellenraum des Neubaus des Germanischen Museums), dagegen bezeugt die geistreiche ornamentale Auswertung der reich sie umwogenden Gewandung, dass die Plastik damals bei allem Wirklichkeitsverlangen keineswegs arm an gestaltungsfroher Phantasie war. Die in der klaren technischen Durchführung so vortrefflich dem Steinmaterial gemäß behandelte Maria mit Kind vom Hause Albrecht-Dürer-Platz 4 (Germanisches Museum) endlich, deren Gewandung sich dem Gesamtrhythmus des Ganzen ausgezeichnet eingliedert, besitzt nicht minder einen bürgerlichen, ja einen bildnismäßigen Gesichtstyp. Wie herb charakteristisch diese Mutter Gottes ist, welch plastischer Reichtum in ihr gesammelt liegt, wird zwingend deutlich, wenn man sie der schon dem zweiten Jahrzehnt des 16. Jahrhunderts zugehörigen sogenannten Nürnberger Madonna vergleicht. Diese ist in ihrer Art gewiss eine tüchtige Leistung, die von Geschmack und überlegenem Können spricht. Auch hat sie durch die 1921 durchgeführte Ablaugung des scheußlichen grauen Anstriches, unter dem wesentliche Bestandteile der ursprünglichen farbigen Fassung zutage kamen, an sinnlicher Ausdruckskraft entschieden gewonnen. Allein die Haltung ist nicht ganz frei von Pose, und das Antlitz und die glatten Hände bekunden kein tieferes seelisches Leben. Der auf Wohllaut gerichtete Geist der Renaissance war hier von veräußerlichender Einwirkung und führte zu einer formalen Schönheitelei, die dem Wesen der unwillkürlich immer wieder dem Seelischen und dem Charakteristischen zustrebenden deutschen kunstfremd ist. Wie die Mehrzahl der Plastiken in Nürnberg steht auch diese vereinzelt. Man kann ihren Urheber bisher in keinem anderen Werke wiedererkennen. Am ehesten noch hat sie Formverwandtschaft mit der Kunst Peter Vischers.

Wir haben gesehen, dass schon frühzeitig im Entwicklungsgang der Plastik Nürnbergs persönliche Art ganz unverkennbar sich ausprägt. Dieses Streben nach persönlichem Ausdruck wird nun durch die immer mehr sich geltend machende Einwirkung der Renaissance sehr wesentlich gefördert und gestärkt. Und so kann es uns nicht verwunderlich erscheinen, wenn in der zweiten Hälfte des 15. Jahrhunderts die allgemeine mittelalterliche Bindung, die durch ein viel weniger von der Natur als von Weltanschauungsideen bestimmtes Formideal zum Ausdruck gelangt war, noch mehr ins Persönliche sich abwandelt und zwei so stark und fest im eigenen künstlerischen Empfinden und Denken wurzelnde Individualitäten wie Adam Kraft und Veit Stoß austreten. – Beide sind aber, obwohl sie bis ins 16. Jahrhundert hinein schaffen – Veit Stoß ist, nach Neudörfers „Nachrichten von Künstlern und Werkleuten" in Nürnberg, erst 1533 gestorben –, ihrem innersten Wesen nach noch Gotiker: Die Form wird bei ihnen bedingt und mit geschaffen durch die geistige Idee, durch den seelischen Gehalt. Sie wollen wohl in ihrer Weise naturnahe sein, aber nur im Dienste eines geistigen Zieles: der Gottesidee, und sie wissen Gott auch im charakteristisch-begrenzten Einzelfall des Lebens zu begegnen und gerade im Bereiche tiefsten Schmerzenselends am sichersten zu finden und am inbrünstigsten zu umfassen. Die Formweise der Renaissance, die mit der Natur sich in Einklang setzt, sie zu Ebenmaß, Wohllaut und sinnlicher Schönheit verklärt und auch das Göttliche irdischem Sein angleicht und mit den Reizen irdischer Schönheit schmückt, ist nicht die Sprache, die sie sprechen müssen, und sprechen wollen. Und eine entschiedenere Formwerdung der transzendental gerichteten mittelalterlichen Weltanschauung als etwa das himmelan flammende Sakramentshäuschen Krafts und das dem Geiste der Materie durchaus widersprechende, freischwebend angebrachte Gebilde des Engelsgrußes von Veit Stoß kann man sich nicht denken.

Obwohl nun die Kunst beider dieselbe geistige Heimat hat und in der dem Mittelalter wesenseigentümlichen allgemeinen ideellen Bindung bleibt, wirkt sie sich bei jedem von ihnen denkbar verschieden aus. Adam Kraft, eine Persönlichkeit, die in schöner Naivität ruhig schafft, die ihren Werken, ohne die Gestaltungsgrundsätze der Renaissance zu Hilfe zu rufen, eine das Wesentliche sicher fassende, klare und leicht schaubare Form zu geben weiß und ein Meister volkstümlicher Erzählung ist. Veit Stoß ein sehr bewusster Künstler von genialisch flammendem Schöpferwillen, der oft heftig und eigenwillig sich gibt, über eine außerordentlich reiche und originale Phantasie verfügt und mit Hilfe von starken Gebärden und starken Gegensätzen von Licht und Schatten auf eine mächtige dramatische Wirkung zielt.

Merkwürdig in ihrer künstlerischen Erscheinung ist aber weiter, dass sie durch mehr als allgemeine stilistische Voraussetzungen mit der vorangegangenen Plastik Nürnbergs nicht verknüpft ist. Man würde in große Verlegenheit kommen, wollte man unter den Nürnberger Vorläufern des Stoß und Kraft einen Künstler ausfindig machen, den man mit Gewissheit als ihren Lehrer bezeichnen könnte. Dabei erscheinen uns viele entscheidende Charakterzüge ihres künstlerischen Wuchses als klare Kennzeichen fränkischer Stammesherkunft und des in Nürnberg einheimischen Geistes.

Das letztere gilt für Adam Kraft mehr noch wie für Stoß. Er hat seine Lehrzeit zwar vermutlich auswärts – vielleicht in Ulm – zugebracht, weilte aber seit 1490, bis knapp zu seinem Ende 1508 oder Anfang 1509 im Spital zu Schwabach erfolgten Tode, wohl ständig in Nürnberg. Jedenfalls lassen die vielen und oft bedeutenden Aufträge, die er da auszuführen hatte, auf einen solchen ununterbrochenen Aufenthalt in seiner Vaterstadt schließen. Wenn einer, so wurzelt er im Nürnberger Boden. Und zweifellos haben die Standfiguren des Rieterschen Christus und des Schlüsselfelderschen Christoph, Werke von so kräftig-realistischem und ausgesprochen bodenständigem Charakter, als Vorbedingung für sein Schaffen zu gelten. Von den Arbeiten seiner Jugendzeit ist uns bisher nichts bekannt geworden. Er stand im vollen Mannesalter und hatte als Bildhauer gewiss schon einen Namen, als er 1490–92 die vier Passionsreliefs über der Grabstätte der Schreyer und Landauer an der Außenseite des Chores von St. Sebald zum Ersatz für ursprünglich dort angebrachte Wandmalereien schuf. Die Reliefs schildern in breit ausgesponnener Erzählung die Kreuztragung, die Grablegung und die Auferstehung Christi auf reich und malerisch mit Figuren, Felsen, Bäumen und Baulichkeiten belebten Gründen, in denen eine perspektivische Wirkung im Sinne der Tafelmalerei angestrebt ist. Das Ganze erinnert überhaupt an den dreiteiligen, aufklappbaren, mit Malerei geschmückten Flügelaltar. Eine unmittelbare Beziehung zur Tafelmalerei aber ist auch in einzelnen Figuren des Werkes feststellbar. So kann kein Zweifel darüber sein, dass die Maria Magdalena, die auf der Grablegung weinend über das Sarkophagende sich beugt, eine auf dem Umweg über eine Kopie gewonnene Nachbildung derselben Gestalt in Rogier van der Weydens gewaltigem Bilde im Eskorial ist. Außerdem hatte Kraft sich in der gleichzeitigen Nürnberger Malerei umgesehen. Dass er übrigens auch Stiche Schongauers, die damals in vielen Künstlerwerkstätten von Hand zu Hand gingen und eifrig studiert wurden, kannte, lässt sich für das Schreyersche Grabmal ebenfalls belegen. Freilich ist alles fremde Gut von ihm in seinen persönlichen kernig-realistischen Stil übertragen. Dieser Stil offenbart seine besondere Physiognomie in einer Fülle von naturfrohen, von warmherzigem Empfinden getragenen Einzelzügen. So in den mit überlegenem Können gemeißelten Köpfen Christi und des spitzbärtigen Juden auf der Kreuztragung, die absichtlich einander gegenübergestellt sind, und so in den festen Charaktergestalten der beiden bärtigen Alten, die Hammer, Zange und Dornenkranz in ihren knochigen Handwerkerhänden halten. Die Gruppierung der einzelnen Szenen lässt weite Teile des Grundes frei und schiebt die Figuren nahe neben- und übereinander, wie wir das in der zeitgenössischen Nürnberger Altarmalerei beobachten können. Die Freude an den Einzelheiten auch der Hintergründe überwuchert wie ein vielfältig verzweigtes Gerank die Gesamtfläche und lässt einen freieren größeren gleichmäßig durchgehenden Zug nicht recht aufkommen. Auch nimmt die gewiss vorhandene Gefühlswärme nicht den großen Aufschwung, der dem mit Dramatik geladenen Stoff entsprechen würde, und bleibt in der Niederung einer zwar sympathischen, aber doch etwas engen bürgerlichen Menschlichkeit. – Auch die Plastik für das zweite große Hauptwerk seines Schaffens, das Sakramentshäuschen von St. Lorenz, das ihm Hans Imhof der Ältere am 25. April 1493 in Auftrag gab, hat einen Charakter, der stark zum Malerischen hinneigt. Auf den Reliefs z.B., die in nischenähnlichen Eintiefungen über dem Brotgehäuse untergebracht sind und den Abschied Christi, das Abendmahl und das Gebet am Ölberg erzählen, ist durch eine möglichst vollplastische Bildung der Figuren und reiche Gliederung der Gründe wieder malerisch-perspektivische Tiefenwirkung angestrebt. Und wieder lassen sich tatsächliche Einzelbeziehungen zum gleichzeitigen Tafelbild auffinden. Aber dadurch, dass hier die Plastik einem architektonischen Ganzen sich unterordnen und fest eingliedern muss und von der Architektur in Zucht genommen wird, bleibt die bildnerische Form vor einer ihrem Wesen entgegengesetzten malerischen Breite des Stiles bewahrt. Überhaupt ist Krafts bildhauerische Arbeit hier nur im Zusammenhang mit der genial erfundenen Architektur zu betrachten, denn für sich genommen würden manche der vielen, oft statuettenhaft zierlichen Figuren dünn und schwächlich oder doch spielerisch wirken. Sie gehören aber zu dem schlanken Gehäuse wie die hundert und hundert Knospen und Blüten zum Baum gehören. Plastik und architektonisches Gerüst sind aus einem Guss und Geist. Alles einzelne, sei es nun als bestimmte Charakteristik der zahllosen Figuren oder als ornamentales Zierwerk an formreichen Baldachinen, schlusssteinähnlichen Endigungen und kühn umgebogenen, wie zu einem Dornenkranz ineinander verschränkten Fialen noch so eingehend durchgebildet, – es fügt sich mit einer bewundernswerten Folgerichtigkeit dem Gesamtrhythmus des Werkes. Hier gelang Kraft, was ihm am Schreyerschen Grabmal noch nicht geglückt war: das Viele als ein Ganzes mit großem Sinn zu formen. Er wird urkundlich auch einmal Baumeister genannt. Und echt baumeisterlicher Geist war es, der den jubelnden Schwall des phantastischen Schmuckreichtumes nicht ins Uferlose ausarten ließ, sondern ihn unter das bindende Gesetz eines logischen Aufbaues stellte. Der Künstler blieb dadurch davor bewahrt, dass er ins bloß Dekorative, in den Rausch eines Spieles um des Spieles willen geriet, und konnte, ohne die künstlerische Einheit und Idealität des Ganzen zu stören, es auch wagen, am Fuße sein Selbstbildnis und die Bildnisse zweier Gesellen, in ganzer Gestalt und getreu so, wie er und sie als schlichte kunstreiche Handwerker im Leben sich trugen, anzubringen. Zuerst und zuletzt freilich quillt die starke Einheitlichkeit und der rhythmische Fluss des Sakramentshäuschens aus der bedeutsamen Glaubensidee, die ihm zugrunde liegt. Durch das Leben, das Sterben und die Auferstehung Christi, der im Abendmahl ein Gleichnis seines ewig segensreichen Opfertodes gegeben hat, ist der Menschheit Erlösung von der Sünde und Aufstieg zur Heimat in Gott gesichert: Diesem Gedanken verleiht Krafts Weihbrotgehäuse mit seiner architektonischen Form und seinen Figuren bis in kleinste Einzelteile hinein den sinnbildlichen Ausdruck. Der aber hat nichts mehr von bürgerlicher nüchterner Eingegrenztheit, sondern gewinnt die Freiheit eines Enthusiasmus, der als ein feurig-heller Lobgesang Gott zustürmt.

Ein so typisch spätgotisches, phantastisch-reiches Werk wie das Sakramentshäuschen hat Kraft später nicht mehr geschaffen. Seine Kunst wendet sich nun zu einer größeren Gehaltenheit. Im Relief, das doch das eigentliche Gebiet seines Schaffens ist, entwickelt sie sich zu immer reinerer Meisterschaft. Sie gibt wie in den lebensvollen Reliefs an der städtischen Wage und am Haus des Hieronymus Paumgärtner in der Theresienstraße, die wohl beide noch in die neunziger Jahre fallen, immer wieder bis zum Vollrund herausgearbeitete Figuren. Allein der Eindruck der plastischen Einheit mit der Grundfläche, vor der sie erscheinen, bleibt doch durchaus gewahrt. Die Pergenstörffersche und die Rebecksche Gedächtnistafel (1498/99 und 1500) haben den gleichen Vorzug, wenn sie auch in manchen Einzelheiten – z.B. den durchbrochen gearbeiteten köstlichen Baldachinen – an die Form holzgeschnitzter Altäre erinnern, und ihre flächige technische Behandlung entspricht ganz den Materialgesetzen der Steinplastik. Am Landauer-Grabmal der Tetzelkapelle der Egidienkirche (1503) hat der Künstler die Figuren – Gottvater, Christus und Maria – in tief ausgehöhlte, von Baldachinen überdachte Nischen gestellt und so mit starken Gegensätzen von Licht und Schatten und mit betonter Loslösung von der Fläche die Wirkung möglichst zu steigern gesucht. Er nähert sich da bereits künstlerischen Absichten, wie das Barock sie sich zum Ziele nahm.

Am Schlusse seiner künstlerischen Tätigkeit stehen die· sieben Kreuzwegstationen für den Weg nach dem Johannisfriedhof, die mit der freiplastischen Darstellung des Gekreuzigten und mit der Schilderung der Beweinung ihren Abschluss finden. Die Stationen können als die besten Leistungen seiner Reliefplastik gelten. Jede Szene ist außerordentlich klar geordnet und bietet die zahlreichen, in drei Schichten hintereinander gestellten Figuren so dar, dass die Handlung und die Hauptgestalt, Christus, jedes Mal dem Auge leicht fasslich und dass bei allem Reichtum häufig entgegengesetzter Bewegungsrichtungen eine unlösliche Geschlossenheit gewonnen wird. Dabei wirkt jedes einzelne Relief doch nur als ein Teil der gesamten Folge. Die Erzählung hat den großen, echt epischen Fluss und ist von bindender Kraft. Die energische Herausarbeitung der Figuren aus dem Grund und ihre Rahmung mit kräftig vortretenden Profilen und überkragenden Gesimsen sicherte ihnen starke Wirkung, auch im flirrenden Sonnenlicht unter freiem Himmel, denn ursprünglich standen die Reliefs ja, ohne an Häuserwände angelehnt zu sein, auf ihren Pfeilern frei an der Straße. Die farbige Fassung muss die Wirkung noch bedeutend vermehrt haben. Zwar steigt Kraft bei der Bewältigung des heroischen Stoffes nicht zu stürmischer Dramatik und hinreißendem Pathos auf, aber es ist doch Größe in seiner unvergleichlich volkstümlich-einfachen Erzählung. Diese Größe liegt in der edlen, milden, tiefinnerlichen und zu voller seelischer Reife geklärten Menschlichkeit Krafts, die aus der Folge allenthalben rein und hell hervorleuchtet.

Hinter der Kunst des Veit Stoß erfühlen wir ein ganz anders geartetes Menschentum. Das glüht in Leidenschaftlichkeit und kehrt sein eigenwilliges Wesen in stolzem, manchmal zornig aufbegehrendem Selbstbewusstsein hervor. In den Urkunden wird er als ein „irrig und geschreyig man" und als ein „unruwig hayloser Bürger, der einem erbern Rat und gemainer Statt vil unrum gemacht hat", bezeichnet. Und sein jähzorniges, zur Starrheit neigendes Temperament verwickelte ihn in unsaubere Händel. Schließlich ließ ihm, da er einen Schuldbrief gefälscht und mit dem nachgemachten Siegel eins anderen versehen hatte, der Rat der Stadt zur Strafe die Backen mit glühenden Eisen durchbohren. Gewiss war es zunächst sein Charakter als Mensch, der ihn in den schroffen Gegensatz zu der ihn umgebenden bürgerlich-eingeschränkten Welt trieb, aber die stärkere Ursache dazu lag wohl doch in seinem feinnervigen, von unbändigem Schöpferwillen getriebenen Künstlertum, das von Natur aus jeder Enge feind war. Dieses Künstlertum ist bei all seiner sonstigen unheilvollen Leidenschaftlichkeit doch feine größte Leidenschaft gewesen. Er muss ganz in ihm gelebt haben. Das sagen uns nicht bloß seine Werke, sondern sagt auch die Nachricht Neudörfers, nach der er sich in allen Genüssen ein strenges Maß auferlegt und sich auch des Weines enthalten hat.

Seine Kunst drängte zu großen augenfälligen Wirkungen und ließ ihr unvergleichliches technisches Können, das Stein, Bronze und Holz gleicherweise beherrschte und Schwierigkeiten nicht kannte, in den kühnsten Wagnissen glänzen. Man hat ihn deshalb oft für kalt berechnend und rein virtuos gehalten und ihn da, wo er mit der bohrenden Eindringlichkeit und Heftigkeit des faustischen Menschen die Natur sucht und mit allen Mitteln seiner formgewaltigen Gestaltungskraft zu packen strebt, einen rücksichtslosen Naturalisten genannt. Es ist etwas Wahres an diesem Tadel, allein er trifft nicht die Seele seines künstlerischen Wirkens.

An den allermeisten der vielen ihm mit Recht zuerkannten Werke wird die unmittelbare Handschrift seiner eigenhändigen Arbeit deutlich erkennbar. Und zwar einer wirklich sorgfältigen Arbeit. So unablässig fleißig und sorgsam bildet ein Künstler, dem es in der Mehrzahl der Fälle nur auf eine blendende Wirkung von ungefähr ankommt, niemals. Wohl ergriff sein von stetem Verlangen glühendes Auge das Irdisch-Sichtbare mit scharfem Geierblick. Wohl warf er sich mit Leidenschaft in den unerschöpflichen Reichtum der Natur. Wohl steigerte sein von dämonischer Sehnsucht nach dem Übersinnlichen umgetriebener Genius die Formen der natürlichen Leiblichkeit, um sie recht sprechend zu machen, zu phantastisch bewegten Bildungen. Wohl überließ er seinen Erfindungsgeist gern auch einmal dem enthusiastischen Rausch üppiger dekorativer Spiele. Allein er ging weder in einer peinlich-naturalistischen und darum äußerlich-wahren Darstellung, noch in der Sucht nach dekorativem Pomp unter. Im Grunde galt es für ihn doch die hinter den Erscheinungsformen liegende höhere göttliche Wirklichkeit … Neudörfer berichtet, Stoß sei erblindet gewesen, als er starb. Schon bei Lebzeiten aber war er, wenn wir es so ausdrücken dürfen, jedes Mal rechtzeitig blind. Dann nämlich, wenn es darum ging, in visionärem dichterischem Schauen jener höheren göttlichen Wirklichkeit habhaft zu werden. In solcher Blindheit ist er, der Wirklichkeitsfanatiker, besonders hellsichtig und stark, denn aus ihr flossen so herrliche Werke wie der Hochaltar der Marienkirche in Krakau, der den Tod und die Himmelfahrt Mariä im Beisein der ekstatisch erregten Apostel im Mittelschrein verherrlicht, oder wie der Engelsgruß der Lorenzkirche zu Nürnberg, der den Enthusiasmus der Engelbotschaft und die freudig-bescheidene Ergriffenheit der Maria aus der Fülle ornamentaler, festlich jubelnder Pracht leuchten lässt.

Gewiss haben manche Bildwerke des Veit Stoß nur deshalb herabsetzende Beurteilung erfahren, weil ihre Formensprache nicht verstanden wurde. Sie ist in der Tat nicht so ganz leicht zugänglich, zuweilen ungewöhnlich, jedenfalls immer original und bewegt von einem Lebensgeist, der wie vom Feuer drängender Urkräfte der Schöpfung gespeist ist. Und allerdings muss man, um sie recht zu erfassen, erlebt haben und wissen durch immer wiederholte Erkundung und Betrachtung, wie er Köpfe, wie er Hände, wie er nackte Leiber und wie er Gewandung zum Reden bringt und wie er ganze Figuren rhythmisiert und nach führenden Gedanken zu szenischen Gebilden zusammenordnet.

Die sinnfällige reiche Schilderung von Gewändern und Mänteln ist ein Hauptfeld seines plastischen Bildnertriebes. Mit einer wahren Wollust an stark geprägten Formen gräbt er das Spiegelbild ihrer Erscheinung aus dem Stein, wühlt er es aus dem Holz heraus. Am liebsten stellt er die Gewandung in Bewegung, im Wehen, im eiligen Sturz und wirbelnden Aufschäumen, dar. Er flößt ihr ein fast unheimliches geisterhaftes Leben ein, und er versteht es wie nur einer, die Stoffmassen, die er bald in üppig-schönen ornamentalen Zügen von gemäßigter Bewegung, bald in schwelgerischer Freude an plastischen Gegensätzen durch schroff aufspringende Steilgrate, durch breit dem Licht gebotene, scharf umgrenzte Flächen und Wölbungen und durch tiefstürzende Schluchten zerklüftet, zu einem sehr wichtigen Träger des seelischen Ausdruckes der Figuren selbst zu machen. So gab er dem Mantelwurf der feingliedrigen, ruhig gestimmten Mutter Gottes, die er für sein 1499 in der Wunderburggasse erworbenes Haus mit einer unvergleichlichen Meistersorgsamkeit schnitzte, ununterbrochenen Bogenfluss und seitlich ein heiteres Aufkräuseln zu vielfältigem Geknitter. So verlieh er den wallenden Gewandstücken von Maria und dem Engel in dem feierliche Freude verkündenden Rosenkranz zu St. Lorenz eine schwere festliche Pracht. Und so ließ er den verschiedenartigen Schmerz von Maria und Johannes (über dem Hochaltar von St. Lorenz) in der Faltenrhythmik der Mäntel mit pathetischer Gewalt wiederklingen: Das stille, wortlose Leid des Johannes, durch dessen hohe Gestalt ein Zittern zu laufen scheint, findet die gleichgeartete Antwort in dem schweren Sturz tiefeingegrabener Faltenbahnen, die leidenschaftlich-laute Klage der Maria dagegen wird von einer wild aufbrausenden Faltenwoge begleitet.

Namentlich die erwähnte Mutter Gottes von seinem Hause, außerdem etwa die beiden eben ausgeführten Figuren, werden für sein Bildnergenie auch in der Formung der Hände zur Lobpreisung. Man kann lebenerfüllte, feinnervige Frauenhände von sicher greifender und behütender Zärtlichkeit und schlanker Beweglichkeit nicht besser bilden, als es an der jungen Heilandsmutter geglückt ist. Man kann durch die Hände und ihre Gebärde überströmendes Schmerzgefühl nicht beredter und dramatischer laut werden lassen, als das in der Rechten des Johannes, die den Mantel zum betränten Gesicht führen will, und den leidvoll emporgeworfenen Händen der Maria auf der Kreuzigungsgruppe von St. Sebald geschieht. Die Gotik war überhaupt groß in der Charakteristik der Hände, Stoß aber ist darin der Besten einer in der gesamten Geschichte der deutschen Kunst.

Wer den Geschöpfen seiner Phantasie solch beseelte Hände geben kann, der vermag, ihnen natürlich auch ein innerlich belebtes Antlitz zu verleihen. Schon im Krakauer Altar begegnen wir sehr ausdrucksstarken Köpfen. Sie schauen in mystischer Versunkenheit vor sich hin oder wenden sich erregt gen Himmel. Der Christus des Abendmahls der vorzüglich durchgearbeiteten drei Steinreliefs im Sebalder Chore blickt, abgewendet von dem in die Freuden des Essens und Trinkens völlig versunkenen Apostel, nachdenklich schmerzlich ins Weite. Das Antlitz des Johannes unter dem Kruzifix der Sebalduskirche legt sich in namenlosem Schmerze leicht zurück und hält nur mühsam noch ein lautes Schluchzen zurück. Helle schwärmerische Freude wird mit der hocherhobenen Haltung des von Gelock umkränzten Hauptes des Verkündigungsengels des Rosenkranzes klar verdeutlicht. Die Köpfe der Maria und des himmlischen Harfenspielers im Mittelschrein des Bamberger Altares geben den Ausdruck mystischer Erregung und Hingabe mit einer erstaunlichen psychologischen Kenntnis. In den Köpfen seiner Kruzifixe ist das Sterben mit einer erhabenen Gewalt in verschiedenen Formen versinnlicht. Das Kruzifix von St. Lorenz zeigt die furchtbare Verzerrung, die das entsetzliche Leiden dem Verscheidenden in die Züge geprägt hat. Die Augen sind eingesunken, die Wangen eingefallen, der Mund öffnet sich zu einem letzten Röcheln. Stoß gelangt nun von einem solchen wohl entschiedenen, aber durchaus großzügigen und innerlichen Naturalismus zu einer milden und schließlich zu einer ideal verklärten Auffassung des Christushauptes. Der Kruzifixus aus der Spitalkirche zu Nürnberg trägt kein verzerrtes, sondern ein ebenmäßiges, in stillerem Dulden gesenktes Haupt. In dem Gekreuzigten der Sebalduskirche endlich sehen wir den verklärten Helden in erhabener Leidensschönheit groß vor uns aufgerichtet. Hier macht sich bereits der auf Ebenmaß eingestellte Geist der Renaissance geltend.

Alle die genannten Kruzifixe lehren uns die Tatsache, dass Stoß in der glaubhaften Darstellung des nackten Leibes alles hinter sich ließ, was in Nürnberg bis dahin geschaffen worden war. Der Kruzifixus im Bogenfeld des Lorenzer Portales ist noch stark schematisch. Die hohe, innig-edle, am Ende des 14. Jahrhunderts geschaffene Gestalt des Schmerzensmannes an der nördlichen Längsseite der Kirche, die einen in dieser Zeit gerne wiederholten Typ selbständig formt – man vergleiche die konventionellen Darstellungen in St. Sebald und an der Südseite von St. Lorenz! – ist als Akt schon überzeugender. Der Rietersche Christus von der Nordseite der Sebalduskirche kann als eine weitere Stufe zur Höhe gelten. Die Wiedergabe des toten Heilandes auf dem Grablegungsrelief der Egidienkirche strebt im Gegensatz zu jenem Werke eine typische, allerdings weniger aus wirklicher Kenntnis des unbekleideten Körpers als aus idealistischen Absichten erwachsene Schilderung an. Der Christuskörper der Beweinung der Kreuzkirche ist für die achtziger Jahre des 15. Jahrhunderts eine hervorragende Leistung. Kraft weiß seinen toten Christus in der siebenten Kreuzwegstation wohl großzügiger, aber nicht getreuer von innen heraus zu bilden. Wie die Leiber aller dieser Christusgestalten, haben auch die Leiber der Stoßischen Kruzifixe anatomische Fehler. Indessen auf die „Richtigkeit" kommt es in der Kunst zuletzt nicht an, sondern auf die überzeugende Kraft, und gerade darin eben überragt Stoß seine Vorgänger und Zeitgenossen in Nürnberg. Er hat, wie wir es auch an der glänzenden plastischen Durchbildung des lebhaft bewegten Kindes seiner Hausmadonna beobachten können, zweifellos Studien nach dem nackten Körper gemacht, doch es war vielmehr sein intuitives Verstehen des körperlichen Organismus als sein Studium, was ihn zu großen Leistungen auf diesem Gebiet gelangen ließ. Das 15. Jahrhundert hatte es geliebt, den Heiland der Passion so recht als den erbarmungswürdig Gequälten, ganz Elenden zu schildern. Stoß dagegen, der ja sehr wohl auch das grausame Leid widerzuspiegeln wusste, erhob sich zu einer heldischen, einer pathetisch-monumentalen Auffassung des Kruzifixus.

Dies pathetische Grundgefühl kehrt in vielen anderen Werken von ihm wieder. Im Bunde mit einer tiefen künstlerischen Einsicht in die Gesetze einer einheitlichen Gesamtwirkung behütet es ihn davor, dass er sich in die Einzelheiten, die er, wie wir eben andeuteten, mit so viel Liebe zur Fülle der plastischen Form und mit so viel Ernst durcharbeitete, wirklich festfährt und darüber das große Ganze auch nur zeitweise ihm nicht gegenwärtig, nicht im Bewusstsein bleibt. Hinzu kommt als eine Tatsache, die noch wesentlicher die Gesamtwirkung förderte, dass die Entstehung seiner Figuren von Anfang bis zu Ende unter der immer in ihm wachen und gleich starken Führung einer umfassenden klaren Vorstellung von ihrer Gesamterscheinung stand. Daher rührt es denn, dass seine Schöpfungen bis in die feinsten und letzten Gliederungen hinein von einem einheitlichen Rhythmus erfüllt sind und den Eindruck einer inneren Notwendigkeit hervorrufen. Gute Beispiele dafür sind die Hausmadonna und die kniende Maria aus Heilsbronn, die eine leichte und frei in sich ruhende, von einem rhythmischen Fluss durchströmte und im musikalischen Gleichgewicht gehaltene Gesamtform besitzen.

Da nun, wo es galt, mehrere Figuren zusammenzuordnen und zur geschlossenen Komposition zu einen, erwies sich der Gestaltungswille und das Rhythmisierungsvermögen des Künstlers gleich stark, wie bei der Formung der einzelnen Gestalten. Ja, sein gewaltiges künstlerisches Temperament scheint sich gerade dann recht in seinem Element gefühlt zu haben, wenn es seinen Oberbefehl über eine mehrfigurige Darstellung ausdehnen konnte. Die Gesetzlichkeit, durch die er sich dabei leiten lässt, ist aber nicht die der Renaissance, die die Massen vor allem nach tektonischen Rücksichten aufbaut. Seine Kompositionen sind unter den Bedingungen einer musikalischen Rhythmik und mindestens ebenso sehr eines malerischen wie eines plastischen Gleichgewichtes geworden. Die Melodie und der Bewegungsgrad der Hauptkurven und die Auswertung von Licht und Schatten sind für ihn, wie für jeden wahren Gotiker, Dinge von ausschlaggebender Bedeutung.

Oft spotten seine kompositionellen Gebilde geradezu jeder Tektonik und können nur als Gefüge aufgefasst werden, die von einer zentralen Mitte aus strahlenförmig sich verbreiten oder eine elliptische Anlage haben. Wenn von diesen Voraussetzungen aus seine mehrfigurigen Schöpfungen betrachtet werden, dann wird ungemein deutlich offenbar, wie so vollkommen unnaturalistischer Art die Grundlagen seiner geistigen Natur eigentlich waren und wie er, der zuweilen im Einzelnen fast krass-naturalistisch schildern konnte, für das Ganze nicht von der natürlichen Erscheinung, sondern von der Idee ausging und dachte. Dann stört uns z.B. bei der Gruppe der heiligen Anna selbdritt in St. Jakob, die mindestens in der Gesamtanlage auf ihn zurückgeht, nicht mehr, dass keine Spur von Tektonik in ihr waltet und dass weder von den Füßen noch von den Knien der heiligen Anna, deren Körper tektonisch genommen der Gruppe den Halt geben würde, etwas zu sehen ist. Und wir fassen dies rassige Werk, das ursprünglich ja nicht stehend, sondern bezeichnenderweise an einem Pfeiler hängend geplant und angebracht war, etwa als eine schöne volle Blüte auf, die, wie das im Wesen der Blüte liegt, zentral sich entfaltet und becherförmig nach oben sich öffnet. Dann erkennen wir in den Steinreliefs mit dem Abendmahl und der Gefangennahme in der Sebalduskirche die kühne Weisheit einer Anordnung der Figuren, die ringförmig sich schließt. Und wir erfassen erst voll, wie-der aufstrebende Parallelismus der beiden hoheitsvollen Hauptfiguren des Engelsgrußes der Lorenzkirche seine Bindung ebenso sehr der Bogenreihe der sechs über ihnen schwebenden kleinen Engel und der bogenförmigen Anordnung der außerhalb des Kranzes angebrachten Figuren anderer Engel und Gottvaters verdankt, wie dem einschließenden Oval des Rosenkranzes selbst. – Im Mittelschrein des Bamberger Altares, seines letzten und unvollendet gebliebenen Werkes, das die ganze plastische Energie, die ihm das Schnitzmesser führte, noch einmal zu fühlen gibt, ist wie im Rosenkranz charakteristischerweise keine beherrschende Mittelfigur da. Die beiden augenfälligsten Figuren, Maria und der kniende Engel, befinden sich als Grundpfeiler der Komposition parallel nebeneinander. Die so erzeugte Symmetrie ist aber keine strenge, ja bis zu einem starken Grade nur eine scheinbare. Denn Maria, als die Hauptfigur der Szene der Anbetung, ist in die plastisch reichere Dreiviertelansicht gebracht, bis an den vorderen Rand geschoben und sehr groß gebildet, der Engel aber kleiner gehalten, frontal angeordnet und in die Tiefe des Schreins zurückgerückt. Und die übrigen Figuren füllen den Schrein in einer ganz freien Verteilung, die, soweit sich aus dem heutigen Zustand des nicht fertig gewordenen Altares erkennen lässt, wohl den Grundsätzen des malerisch ausgewerteten Gleichgewichts und einer malerischen Perspektive, nicht aber denen eines folgerichtig entwickelten tektonischen Aufbaues entspricht. –

Mit Veit Stoß schließt die Reihe der gotischen Bildner Nürnbergs. Die plastische Führung war schon zu seinen Lebzeiten in die Hände Peter Vischers übergegangen. Dieser vertrat das Formideal der Renaissance. Aber nicht er ist es, der recht eigentlich der Zukunft den Boden bereitet, sondern Stoß. Denn in der brausend dramatischen, inneren und äußeren Bewegtheit der Stoßischen Figuren und den stark herausgeformten Gegensätzen von Licht und Schatten, die ihre Gesamterscheinung bedingen, lebt und drängt ein plastischer Wille, der zur Epoche des Barock geradewegs hinüberleitet.

Heinrich Höhn.

Phot. F. Schmidt, Nürnberg

Geburt Christi

Gewölkeschlussstein im nördlichen Seitenschiff der Sebalduskirche

Phot. Ch. Müller, Nürnberg

Heilige Katharina

Westliches Südportal der Sebalduskirche

Phot. Ch. Müller, Nürnberg

Kopf der heil. Katharina

Westliches Südportal der Sebalduskirche

Phot. F. Schmidt, Nürnberg

Brautpforte der Sebalduskirche

Phot. Ch. Müller, Nürnberg

Törichte Jungfrauen
an der Brautpforte der Sebalduskirche

Phot. F. Schmidt, Nürnberg

Apostel Johannes
Mittelschiff der Sebalduskirche

Phot. F. Schmidt, Nürnberg

Apostel Bartholomäus
Mittelschiff der Sebalduskirche

Phot. Ch. Müller, Nürnberg

Heiliger Erhard

Mittelschiff der Sebalduskirche

Phot. F. Schmidt, Nürnberg

Kaiser Heinrich
Nördliches Seitenschiff der Sebalduskirche

Phot. F. Schmidt, Nürnberg

Kaiserin Kunigunde

Nördliches Seitenschiff der Sebalduskirche

Phot. Ch. Müller, Nürnberg

Kaiser Ludwig der Bayer
Relief im großen Saale des Rathauses

Phot. Ch. Müller, Nürnberg

Norimberga und Brabantia
Relief im großen Saale des Rathauses

Phot. K. Hofmann, Nürnberg

Maria mit Kind

Germanisches Nationalmuseum

Phot. Ch. Müller, Nürnberg

Maria mit Kind
vom Hause Weinmarkt 12a. Germanisches
Nationalmuseum

Phot. Ch. Müller, Nürnberg

Hauptportal der Lorenzkirche

Phot. Ch. Müller, Nürnberg

Verkündigungsengel
vom Hauptportal der Lorenzkirche

Phot. Bauhütte der Lorenzkirche

Geburt Christi; Anbetung der Könige; Passionsszenen; Auferstehende

Aus den Reliefs am Hauptportal der Lorenzkirche

Phot. Bauhütte der Lorenzkirche

Darstellung im Tempel; Flucht nach Ägypten; Passionsszenen; Auferstehende

Aus den Reliefs am Hauptportal der Lorenzkirche

Phot. F. Schmidt, Nürnberg

Prophet
Südwand der Moritzkapelle

Phot. F. Schmidt, Nürnberg

Maria mit Kind und anbetender König
im Mittelschiff der Lorenzkirche

Phot. F. Schmidt, Nürnberg

Zwei Könige (Melchior und Balthasar) aus der Gruppe der Anbetung der Könige
im Mittelschiff der Lorenzkirche

Phot. Ch. Müller, Nürnberg

Kopf des zweiten Königs (Melchior) aus der Gruppe der Anbetung der Könige

im Mittelschiff der Lorenzkirche

Phot. Ch. Müller, Nürnberg

Grabmal des Konrad Groß
im Chor der Spitalkirche

Phot. Ch. Müller, Nürnberg

Trauernde vom Grabmal des Konrad Groß
Spitalkirche

Phot. Ch. Müller, Nürnberg

Apostel Jakobus

Jakobskirche

Phot. Dr. F. Stoedtner, Berlin

Verkündigung
Relief vom Erker des Pfarrhofes von St. Sebald. Germanisches Nationalmuseum

Phot. F. Schmidt, Nürnberg

Tod, Begräbnis und Krönung Mariä
Thympanon des westlichen Nordportals der Sebalduskirche

Phot. F. Schmidt, Nürnberg

Tod Mariä

aus dem Tympanon des westlichen Nordportals der Sebalduskirche

Phot. K. Hofmann, Nürnberg

Kopf einer Maria

von der Westfront der Frauenkirche. Germanisches Nationalmuseum

Phot. F. Schmidt, Nürnberg

Kreuztragung Christi
Relief am Ostchor der Sebalduskirche

Phot. F. Schmidt, Nürnberg

Wandtabernakel

im Ostchor der Sebalduskirche

Phot. Ch. Müller, Nürnberg

Christus in Gethsemane
Relief am Westchor der Sebalduskirche

Phot. F. Schmidt, Nürnberg

Maria
im Ostchor der Sebalduskirche

Phot. Ch. Müller, Nürnberg

Christus als Schmerzensmann
an der Nordseite der Lorenzkirche

Phot. Dr. F. Stoedtner, Berlin

Julius Cäsar und Josua
vom Schönen Brunnen. Germanisches Nationalmuseum

Phot. Dr. F. Stoedtner, Berlin

Die Kurfürsten von Sachsen und Trier
vom Schönen Brunnen. Germanisches Nationalmuseum

Phot. Dr. F. Stoedtner, Berlin

Kopf eines Helden-Königs (Artus?)
vom Schönen Brunnen. Germanisches Nationalmuseum

Phot. Ch. Müller, Nürnberg

Pfeifer
vom Brunnen im Spital zum heiligen Geist. Germanisches Nationalmuseum

Phot. Dr. F. Stoedtner, Berlin

Apostel Bartholomäus

Tonfigur. Germanisches Nationalmuseum

Phot. Dr. F. Stoedtner, Berlin

Apostel Johannes
Tonfigur. Germanisches Nationalmuseum

Phot. Ch. Müller, Nürnberg

Kopf eines jugendlichen Apostels

Tonfigur. Germanistisches Nationalmuseum

Phot. F. Schmidt, Nürnberg

Apostel

in der Jakobskirche

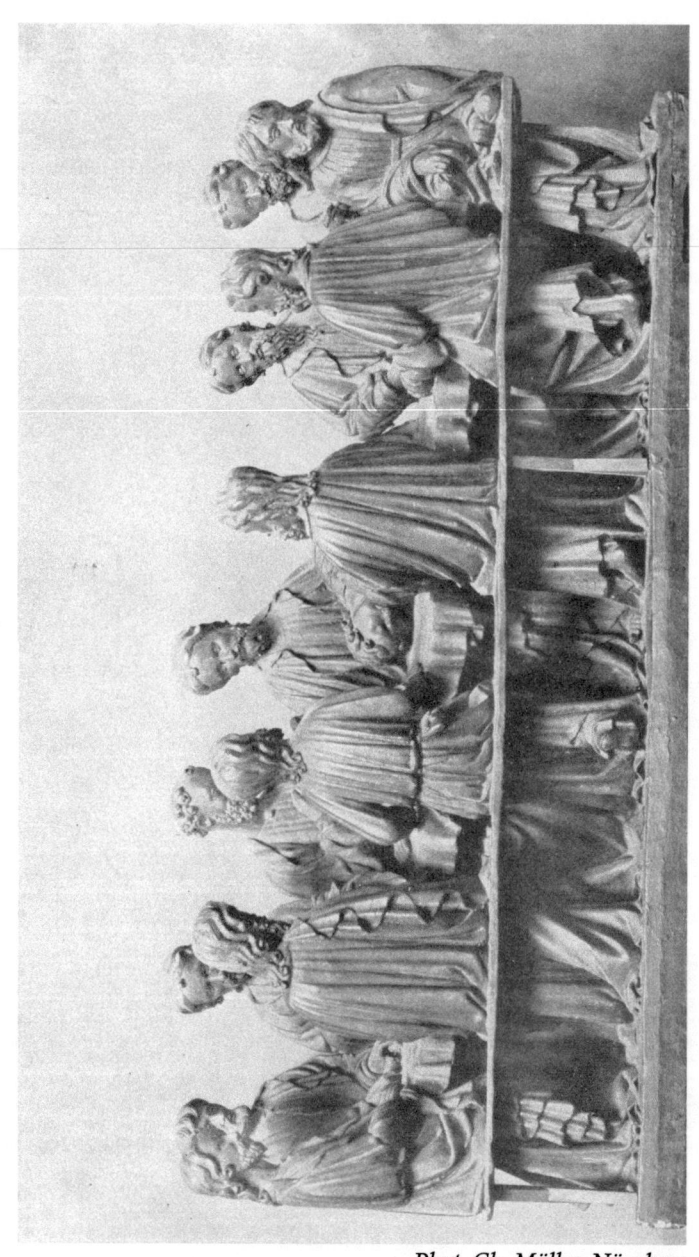

Phot. Ch. Müller, Nürnberg

Abendmahl

Tongruppe. Chor der Lorenzkirche

Phot. Ch. Müller, Nürnberg

Apostel

Tonfigur. Germanisches Nationalmuseum

Phot. F. Schmidt, Nürnberg

Evangelist Johannes
Tonfigur. Chor der Sebalduskirche

Phot. Ch. Müller, Nürnberg

Mittelschrein des Deocarusaltares
Lorenzkirche

Phot. Ch. Müller, Nürnberg

Christus am Kreuz
Relief in der Wolfgangskapelle der Egidienkirche

Phot. Ch. Müller, Nürnberg

Heilige Barbara, Katharina und Agnes
Nördliches Seitenschiff der Lorenzkirche

Phot. Ch. Müller, Nürnberg

Grabmal des Konrad von Egloffstein
Jakobskirche

Phot. Ch. Müller, Nürnberg

Christus als Schmerzensmann

Relief seitlich des Portales der Moritzkapelle

Phot. K. Hofmann, Nürnberg

Maria mit Kind

vom Hause Hauptmarkt 2. Germanisches Nationalmuseum

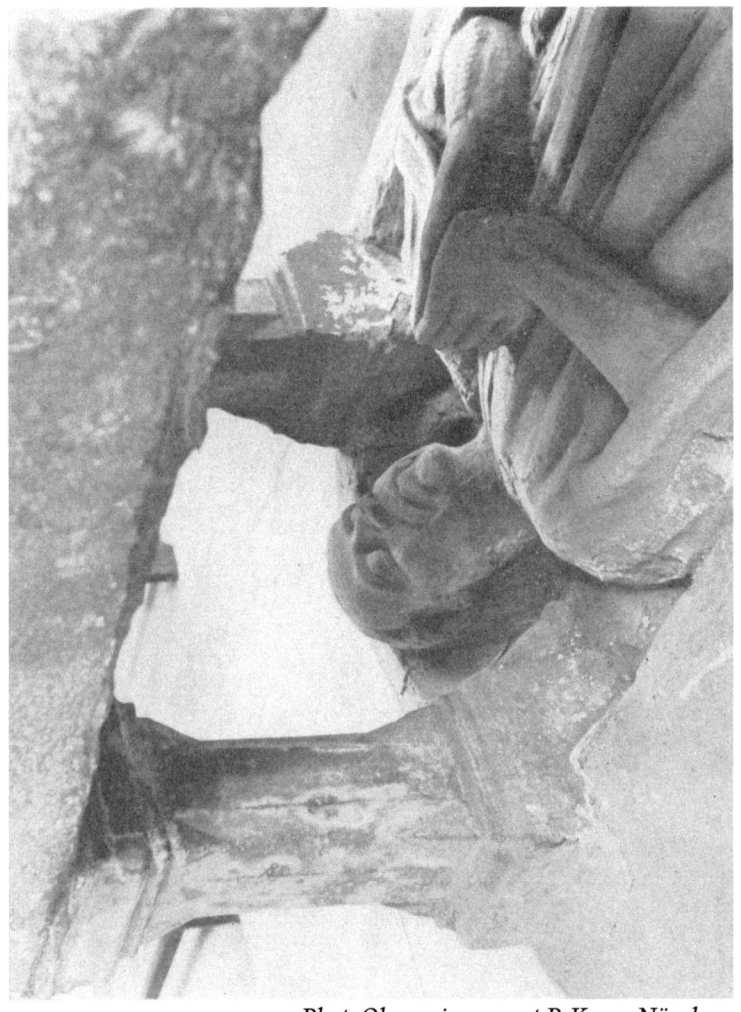

Phot. Oberregierungsrat P. Kann, Nürnberg

Grabmal des Herdegen Valzner
Valznerkapelle der Spitalkirche

Phot. F. Schmidt, Nürnberg

Maria auf der Mondsichel, von Engeln gekrönt
Chor der Sebalduskirche

Phot. Ch. Müller, Nürnberg

Maria mit Kind
am Hause Josephsplatz 7

Phot. Ch. Müller, Nürnberg

Christus als Schmerzensmann
von der Nordseite der Sebalduskirche. Germanisches Nationalmuseum

Phot. F. Schmidt, Nürnberg

Heiliger Christopherus
Westseite der Sebalduskirche

Phot. Ch. Müller, Nürnberg

Grablegung Christi

Relief in der Wolfgangskapelle der Egidienkirche

Phot. Ch. Müller, Nürnberg

Apostel Paulus
Euchariuskapelle, Egidienkirche

Phot. Ch. Müller, Nürnberg

Maria auf der Mondsichel

Germanisches Nationalmuseum

Phot. Ch. Müller, Nürnberg

Erzengel Michael
Lorenzkirche, nördliches Seitenschiff

Phot. Ch. Müller, Nürnberg

Beweinung Christi

Mittelschrein des Haller-Altares in der Kreuzkirche

Phot. Ch. Müller, Nürnberg

Maria mit Kind
vom Hause Dürerplatz 4. Germanisches Nationalmuseum

Phot. Ch. Müller, Nürnberg

Greif und Löwe

Relief am Hause Burgstraße 8

Phot. Ch. Müller, Nürnberg

Pelikan mit Jungen
Relief am Hause Rathausgasse 6

Phot. Ch. Müller, Nürnberg

Brunnenmaske
vom Unschlitthaus. Germanisches Nationalmuseum

Phot. F. Schmidt, Nürnberg

Adam Kraft, Kreuztragung
vom Schreyerschen Grabmal, Ostchor der Sebalduskirche

Phot. F. Schmidt, Nürnberg

Adam Kraft, Ausschnitt aus den Reliefs des Schreyerschen Grabmals
Ostchor der Sebalduskirche

Phot. Ch. Müller, Nürnberg

Adam Kraft, Sakramentshäuschen
im Chor der Lorenzkirche

Phot. F. Schmidt, Nürnberg

Adam Kraft, Mittlerer Teil des Sakramenthäuschens
im Chor der Lorenzkirche

Phot. F. Schmidt, Nürnberg

Adam Kraft, Relief vom, mittleren Teil des Sakramenthäuschens

im Chor der Lorenzkirche

Phot. Ch. Müller, Nürnberg

Adam Kraft, Selbstbildnis am Sakramentshäuschen

im Chor der Lorenzkirche

Phot. Ch. Müller, Nürnberg

Adam Kraft, Selbstbildnis am Sakramentshäuschen
im Chor der Lorenzkirche

Phot. Dr. F. Stoedtner, Berlin

Adam Kraft, St. Georg
Relief am Hause Theresienstraße Nr. 23

Phot. Dr. F. Stoedtner, Berlin

Adam Kraft, Relief am Gebäude der alten Stadtwaage
Winklerstraße 22

Phot. Ch. Müller, Nürnberg

Adam Kraft, Pergenstörffersches Grabmal
Frauenkirche

Phot. Ch. Müller, Nürnberg

Adam Kraft, Rebecksches Grabmal
Frauenkirche

Phot. F. Schmidt, Nürnberg

Adam Kraft, Landauersches Grabmal
Tetzelkapelle der Egidienkirche

Phot. Dr. F. Stoedtner, Berlin

Adam Kraft, Maria mit Kind
am Hause Ecke Fünferplatz und Bindergasse

Phot. Dr. F. Stoedtner, Berlin

Adam Kraft, Fünfte Kreuzwegstation
Germanisches Nationalmuseum

Phot. Dr. F. Stoedtner, Berlin

Adam Kraft, Sechste Kreuzwegstation
Germanisches Nationalmuseum

Phot. Dr. F. Stoedtner, Berlin

Adam Kraft, Siebente Kreuzwegstation

Germanisches Nationalmuseum

Phot. Ch. Müller, Nürnberg

Veit Stoß. Abendmahl, Christus am Ölberg, Gefangennahme Christi

Reliefs im Ostchor der Sebalduskirche

Phot. F. Schmidt, Nürnberg

Veit Stoß, Abendmahl

Ausschnitt aus dem Relief im Ostchor der Sebalduskirche

Phot. F. Schmidt, Nürnberg

Veit Stoß, Apostel Andreas
Ostchor der Sebalduskirche

Phot. Ch. Müller, Nürnberg

Veit Stoß, Maria mit Kind vom Wohnhaus des Künstlers

Germanisches Nationalmuseum

Phot. Ch. Müller, Nürnberg

Veit Stoß, Maria mit Kind vom Wohnhaus des Künstlers (Ausschnitt)
Germanisches Nationalmuseum

Phot. Ch. Müller, Nürnberg

Veit Stoß, Maria mit Kind
an der Tetzelkapelle der Egidienkirche

Phot. Ch. Müller, Nürnberg

Veit Stoß, Heilige Anna Selbdritt
Jakobskirche

Phot. Dr. F. Stoedtner, Berlin

Veit Stoß, Maria (Ausschnitt)
Germanisches Nationalmuseum

Phot. F. Schmidt, Nürnberg

Veit Stoß, Christus am Kreuz

Lorenzkirche

Phot. Ch. Müller, Nürnberg

Veit Stoß, Christus am Kreuz
aus der Spitalkirche.Germanisches Nationalmuseum

Phot. Ch. Müller, Nürnberg

Veit Stoß, Kopf des Gekreuzigten
vom Kruzifix der Spitalkirche (Zustand vor der letzten Restaurierung)
Germanisches Nationalmuseum

Phot. F. Schmidt, Nürnberg

Veit Stoß, Christus am Kreuz
im Chor der Sebalduskirche

Phot. F. Schmidt, Nürnberg

Veit Stoß, Maria

aus einer Kreuzigungsgruppe. Sebalduskirche

Phot. F. Schmidt, Nürnberg

Veit Stoß, Johannes
aus einer Kreuzigungsgruppe. Sebalduskirche

Phot. F. Schmidt, Nürnberg

Veit Stoß (Werkstatt), Kopf des Kruzifixus
in der Margaretenkapelle der Burg

Phot. Ch. Müller, Nürnberg

Veit Stoß, Engelsgruß im Rosenkranz
Lorenzkirche

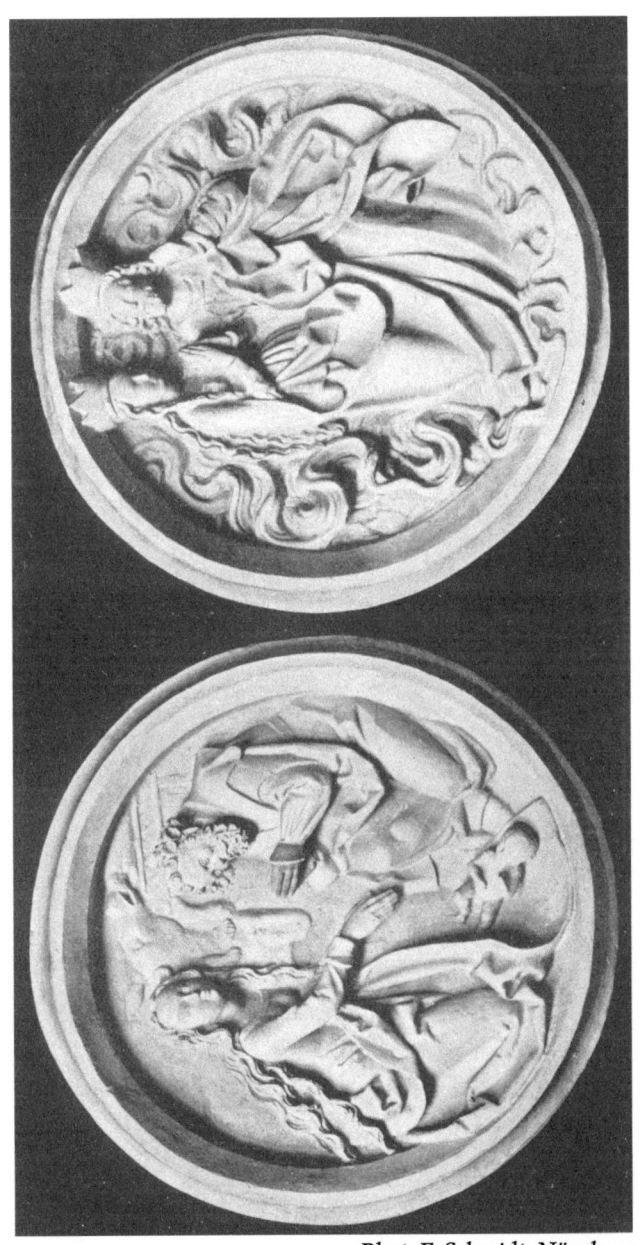

Phot. F. Schmidt, Nürnberg

Veit Stoß, Zwei Reliefs vom Engelsgruß

Lorenzkirche

Phot. F. Schmidt, Nürnberg

Veit Stoß, Maria mit Kind

am Hause Weinmarkt 12

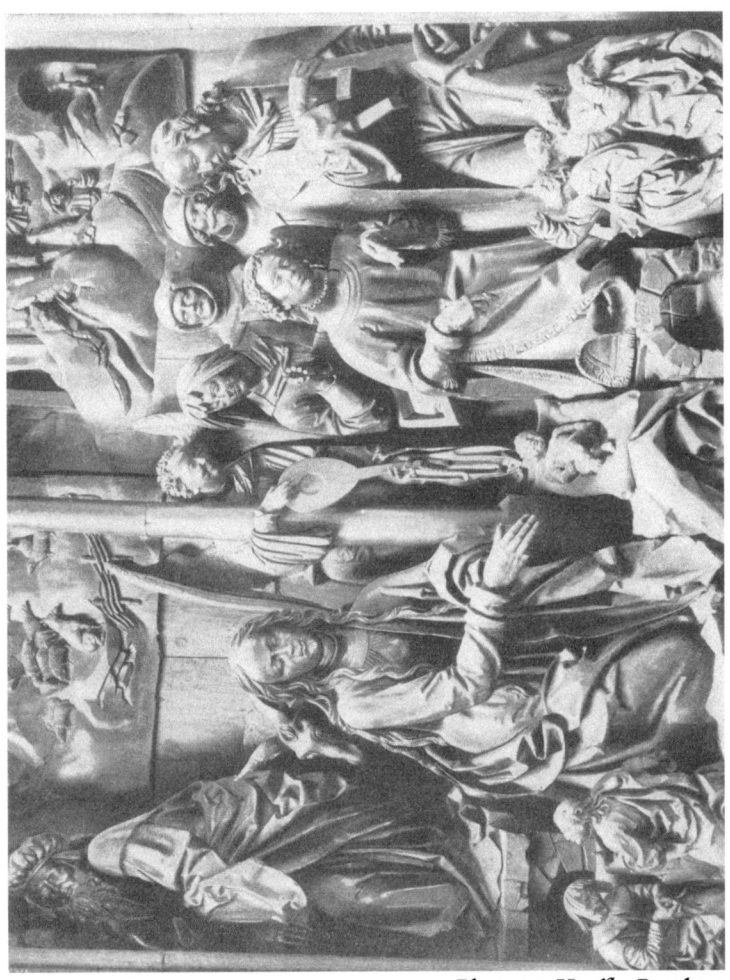

Phot. von Hoeffle, Bamberg

Veit Stoß, Geburt Christi

(Ausschnitt) aus dem Mittelschrein des Altares der Karmeliterkirche in Nürnberg, jetzt in der oberen Pfarrkirche zu Bamberg

Phot. W. Kröner, Bamberg

Veit Stoß, Ausschnitt aus dem Mittelschrein des Altares der Karmeliterkirche zu Nürnberg

jetzt in der oberen Pfarrkirche in Bamberg

Phot. W. Kröner, Bamberg

Veit Stoß, Darstellung im Tempel

(Ausschnitt) von einem Flügel des Altares der Karmeliterkirche zu Nürnberg, jetzt in der oberen Pfarrkirche zu Bamberg

Phot. Ch. Müller, Nürnberg

Heilige Katharina

Germanisches Nationalmuseum

Phot. Ch. Müller, Nürnberg

Hände der heil. Katharina
Germanisches Nationalmuseum

Phot. Ch. Müller, Nürnberg

Rosenkranz mit Engeln

Germanisches Nationalmuseum

Phot. K. Hofmann, Nürnberg

Auferweckung des Lazarus

Relief von der Südseite der Sebalduskirche. Germanisches Nationalmuseum

Phot. F. Schmidt, Nürnberg

Heilige Anna Selbdritt
am Hause Oberer Bergauerplatz 2

Phot. Ch. Müller, Nürnberg

Verkündigung
Frauenkirche

Phot. Dr. F. Stoedtner, Berlin

Engel
Jakobskirche

Phot. Prof. Otto Schulz, Nürnberg

Heiliger Sebaldus

am Äußeren des Chores der Lorenzkirche

Phot. Ch. Müller, Nürnberg

Weibliche Heilige
von einem Gebäude des Klaraklosters.
Germanisches Nationalmuseum

Phot. Ch. Müller, Nürnberg

Trauernde Maria

Germanisches Nationalmuseum

Phot. Ch. Müller, Nürnberg

Trauernde Maria
Germanisches Nationalmuseum

ANMERKUNGEN

1 und 2 Heilige Katharina. Vom westlichen Südportal der Sebalduskirche. Jetzt am Westende des Südschiffes im Innern der Kirche ausgestellt. An Ort und Stelle Kopie. Sandstein. Ursprünglich mit Farbe getönt. Nase abgebrochen, ebenso das Rad, das sie in der Linken hielt, und das Schwert in ihrer Rechten, außerdem beträchtliche Teile der Gewandung. Um 1310-15. Eine am ersten südlichen Pfeiler des Westendes des Hauptschiffes angebrachte Katharinenfigur aus der Zeit gegen Mitte des 14. Jahrhunderts ist eine Wiederholung der hier abgebildeten Katharina.

3 und 4 Die klugen und törichten Jungfrauen. Brautportal der Sebalduskirche. Sandstein. Halb lebensgroß. Ursprünglich mit Farbe getönt und vergoldet. Im Ganzen gut erhalten. Die links zunächst der Portalöffnung stehende Figur einer klugen Jungfrau ist eine moderne Erneuerung. Die Baldachine und die Postamentprofilierungen zum Teil erneuert. Auch das Maßwerk im vorgelagerten Spitzbogen über den Figuren, das um 1340-50 etwa geschaffen ist, wurde in seinen Hauptteilen ergänzt (1899). Die Figuren der Jungfrauen um 1315-20. Die Figuren der Maria und des Sebaldus zu den Seiten der mit Maßwerk gefüllten Spitzbogen um 1435. Erneuerungen. Originale im Germanischen Museum (Lapidarium).

5 und 6 Apostelfiguren an den Mittelschiffpfeilern der Sebalduskirche: Johannes der Evangelist und Bartholomäus. Stein. Bemalung in der Zeit der jüngsten Instandsetzung des Innern der Kirche 1903-6 erneuert. Um 1315-35.

7 Heiliger Erhard. Sebalduskirche, Westseite des zweiten nördlichen Mittelschiffspfeilers. Stein. An der Konsole Stifterwappen der Haller. Es fehlt der Bischofsstab. Um 1335.

8 und 9 Kaiser Heinrich und Kaiserin Kunigunde. Sebalduskirche, an der Nordseite des vorletzten und letzten nördlichen Mittelschiffspfeilers. Stein. Farbe und Vergoldung in der Zeit der jüngsten Instandsetzung des Kircheninneren 1903-06 erneuert. An der Figur des Kaisers ist das Zepter ergänzt. Um 1530. An den Konsolen das Wappen der Stromer aus der ersten Hälfte des 15. Jahrhunderts.

10 und 11 Kaiser Ludwig der Bayer; Norimberga und Brabantia. Reliefs im großen Saale des Rathauses. Stein. Färbung und Vergoldung erneuert. Um 1345. – Das Relief mit Kaiser Ludwig dem Bayern gearbeitet nach dem Siegel des Handelsprivilegs vom 12. Sept. 1332 (abgeb. bei Mummenhof, Das Rathaus in Nürnberg, 1891, S. 35). Durch dieses Privileg hatte der Kaiser der Stadt alle bereits erworbenen Handels- und Zollfreiheiten, darunter auch die, welche Herzog Johann von Lothringen, Brabant und Limburg am 2. November 1311 gewährt hatte, bestätigt. Das Siegel der genannten Urkunde ist dem Relief künstlerisch überlegen. Das zweite Relief stellt dar, wie die jugendliche Norimberga vor der thronenden Brabantia niederkniet und ihr ein Schwert mit Gürtel, ein Paar Handschuhe und ein Stäbchen überreicht, wodurch der Bedeutsamkeit der lebhaften Handelsbeziehungen zwischen Nürnberg und Brabant (Niederlande) sinnbildlich Ausdruck verliehen wird. Bis zum Ende der Reichsunmittelbarkeit Nürnbergs wurde von der Stadt jährlich ein Kanzleibote nach Lüttich und Brüssel abgesandt, der ein großes Schwert, einen gelben Ledergürtel, ein Paket mit Rähnadeln von sechs verschiedenen Formen und einen Goldgulden als Zeichen für die Erneuerung der Handels- und Zollfreiheit überreichen musste (vgl. Mummenhof a.a.O., S. 34 und 37). – Die Reliefs sind jedenfalls kurz nach der 1332–40 erfolgten Errichtung des längs der Rathausgasse sich erstreckenden Rathausbaues entstanden.

12 Thronende Maria mit Kind, von der Moritzkapelle. Jetzt im Germanischen Museum (Lapidarium). Sandstein. Ursprünglich mit Farbe getönt. Es fehlt das Zepter der Maria. Im Ganzen wohl erhalten. Aus der Gruppe einer Anbetung der Könige. Um 1340–50.

13 Maria mit Kind vom Hause Weinmarkt Nr. 12a. Seit 1897 im Germanischen Museum (Lapidarium); Josephi, Katalog der plastischen Bildwerke des Germanischen Museums, Nr. 3. An Ort und Stelle Kopie. Sandstein. Mit Überbleibseln einer erneuerten Bemalung. Auf dem Haupte der Maria kegelförmige, spitz zulaufende Kopfbedeckung aus gebranntem Ton, umgeben am unteren Rand von kupfernem Zackenstreif mit vergoldeten Metallrosetten. Hinter der Madonna am Block Wolkenornament. Es fehlen das Zepter, der Abschluss der Kopfbekrönung, viele Rosetten des Kronenreifs und der Schmuck auf dem Brustband. Drittes Viertel 14. Jahrhunderts.

14–17 Figurenschmuck des Hauptportals der Lorenzkirche. Sandstein. Die Figuren des ersten Menschenpaares und der Propheten noch an Ort und Stelle. Die Figuren der Verkündigung und der Heiligen Stephanus und Laurentius durch Kopien ersetzt. Die Originale im Germanischen Museum, Lapidarium. Unter diesen veranschaulicht der Engel der Verkündigung wohl noch am besten den ursprünglichen Formcharakter der Figuren, die alle mehr oder weniger stark beschädigt sind. – Dem gesamten Figurenschmuck des Portals liegt der Gedanke von der Sünde und der Erlösung der Menschheit durch den Opfertod Christi zugrunde. In der Leibung neben der Portalöffnung Adam und Eva. Zwei Propheten weisen auf Maria hin, deren Figur am Mittelpfosten angebracht ist. Seitlich der Leibung rechts und links der heilige Laurentius und der heilige Stephanus und die beiden Figuren der Verkündigung. Über dem Eingang das hoch hinaufgeführte, in drei Streifen geteilte Spitzbogenfeld oder Tympanon. Darin unten in zwei Spitzbogen Szenen aus der Kindheit Christi (Geburt und Anbetung der Könige links, Kindermord, Darstellung im Tempel und Flucht nach Ägypten rechts), in den Zwickeln Propheten. Im Streifen darüber Schilderung der Passion (Christus vor Herodes, Geißelung, Dornenkrönung, Kreuztragung, der Gekreuzigte, Beweinung, Grablegung und Auferstehung), die in die Leibung übergreift und dort links Gethsemane und Judaskuss, rechts (neben einer leeren Nische) die Himmelfahrt wiedergibt. Über der Reihe der Passionsdarstellungen schließlich das Jüngste Gericht mit der Auferstehung der Toten, der Scheidung der Seligen und Verdammten und Christus als Weltenrichter zwischen den Fürbittern Maria und Johannes dem Täufer. In der Kehlung des umschließenden Spitzbogens vierzehn sitzende Propheten und zwölf Apostel. – Manches, namentlich die Marienfigur am Mittelpfosten, erinnert an den Portalschmuck des Münsters zu Freiburg i.B. Für die Szenen aus der Kindheit Christi hat Pückler-Limpurg als Vorbilder Elfenbeinschnitzereien, die an Schöpfungen französischer Reliefplastik sich anlehnen, wahrscheinlich gemacht. Die Anbetung der Könige sehr ähnlich auf den Reliefs des Severi-Sarkophags, Erfurt, Severi-Kirche, um 1370/80. Über dem Portal an der Fassade, die in mancher Beziehung durch die Fassade des Straßburger Münsters angeregt wurde, das böhmische und das schlesische Wappen: die Wappen Karls IV. und seiner Gemahlin Anna, der Tochter des Herzogs von Jauer und Erbin des Herzogs von Schweidnitz, ihres Oheims. Da Karl IV. 1348 den Thron bestieg, wird die Westfront von St. Lorenz mit ihrem Portalschmuck nicht vor 1348 entstanden sein. Stilistische Anhaltspunkte weisen in die Zeit um 1350–55.

18 Prophet. An der Südwand der Moritzkapelle. Sandstein. Im Ganzen wohl erhalten. Um 1350–60.

19–21 Anbetung der Könige. Freiplastische Gruppe am zweiten und dritten nördlichen Mittelschiffspfeiler der Lorenzkirche. Sandstein. Die hölzerne Krone Mariä 15. Jahrhundert. An den Figuren der Könige sind die Fußspitzen weggebrochen. Dem zweiten König fehlt das Geschenk, die rechte Hand und die Krone, dem dritten König die Krone. Ursprünglich mit Farbe und Gold getönt. Die heute sichtbare Farbe von einer späteren Erneuerung. An der Konsole der Maria das Wappen der Hirschvogel ausgemalt, an den Konsolen der Könige die Wappen nicht mehr kenntlich. Wie die schöne Gruppe des Würzburger Domes weist auch diese auf rheinische, von französischer Plastik bestimmte Bildhauerkunst. Um 1360. Pückler-Limpurg, Nürnberger Bildnerkunst ..., S. 23 und 39, wies nach, dass der erste und dritte König der Anbetungsgruppe in St. Lorenz auf einem der Reliefs des Erkers am Sebalder Pfarrhof, der jedenfalls kurz nach 1361 anzusetzen ist, nachgebildet wurde.

22 und 23 Grabmal des Konrad Groß. Spitalkirche. Sandstein. Der Verstorbene liegend, in lang hinabreichendem Gewand, mit dem Kirchenmodell in der Linken dargestellt. Die Füße auf einem Löwen. Eine streng charakteristische Bildnisdarstellung war offenbar nicht beabsichtigt. Über der Figur des Groß auf acht kurzen Pfeilern eine Platte aus rotem Marmor mit messingenem Spruchband. An den Pfeilern die Sitzfiguren von trauernden Männern und Frauen aus geistlichem und vornehmem weltlichem Stande. Die bildhauerische Arbeit des Grabmals ursprünglich farbig getönt. In diesem Grabmal ist die Form des in Nordfrankreich und Burgund üblichen Herrschergrabs nachgebildet. Konrad Groß, durch feinen Reichtum emporgekommen, war 1334–48 Schultheiß in Nürnberg. 1331 stiftete er Spital und Kirche, die 1341 vollendet wurden. Er starb 1356 in Bamberg. In diesem Jahre oder kurz danach wird das vielleicht nach seinen Angaben errichtete Grabmal entstanden sein (vgl. Pückler-Limpurg a.a.O., S. 29ff.).

24 Heiliger Jakobus. Jakobskirche, rechts am Eingang zum Chor. Sandstein. Wohl erhalten. Es fehlt nur der Pilgerstab, der im 19. Jahrhundert erneuert wurde, dessen unterer Teil aber wieder weggebrochen ist. Die sehr schlechte Bemalung modern. Um 1360.

25 Reliefs am Chörlein des Pfarrhofes der Sebalduskirche. Das Chörlein im Germanischen Museum, an der äußeren nördlichen Längsseite der Kirche. An Ort und Stelle Kopie. Sandstein. Die Reliefs stellen dar: die Verkündigung, die Geburt, die Anbetung der Könige, den Tod Mariä und die Krönung Mariä. Diese ursprünglich wohl farbig getönten Bildwerke durch Verwitterung ziemlich mitgenommen. Wir

bilden die frische Darstellung der Verkündigung ab. Da der Pfarrhof 1361 abbrannte, aber als ein notwendiger Bau jedenfalls schon kurz nach dem Brande wieder aufgebaut worden ist, darf man annehmen, dass auch der Erker mit seinem bildnerischen Schmuck bald nach 1361 errichtet wurde. Die etwas derben Bildwerke gliedern sich der feinen, ursprünglich wahrscheinlich mit einer spitz zulaufenden Dachbekrönung (wie etwa der steinerne Erker am Nassauer Hause) abgeschlossenen Architektur gut ein. Zu dem Relief mit der Anbetung der Könige vgl. Nr. 19–21 dieser Anmerkungen.

26 und 27 Tod, Begräbnis und Krönung Mariä. Relief im Tympanon des westlichen Nordportals der Sebalduskirche. Stein. Im Ganzen wohl erhalten. Mit Spuren farbiger Tönung und Vergoldung. Auf der Darstellung des Todes Mariä erscheint Christus inmitten der trauernden Apostel am Bett der Maria mit der Gebärde des Segnens. Er hält ihre Seele, in Gestalt einer kleinen Frau, die die Hände zum Beten gegeneinander gelegt hat, im linken Arm. Auf der Darstellung des Begräbnisses stürzen Juden, äußerlich durch die spitzen Hüte kenntlich, unter dem Sarg Mariä zusammen, da sie Maria geschmäht haben. Im oberen Streifen des Reliefs ist geschildert, wie Christus der Maria die Krone aufs Haupt setzt. Um 1360–70.

28 Marienkopf. Germanisches Museum (Durchgang zwischen Lapidarium und nördlichem Kreuzgangflügel). Von einer Mutter Gottes mit Kind, die an der Fassade der Frauenkirche stand und nach Angaben A. von Essenweins an Ort und Stelle schlecht erneuert wurde. Sandstein. Durch Verwitterung ist die außerordentlich fein modellierte, von zarter Empfindung sprechende Skulptur namentlich an der Krone, am Kopftuch und über der Brust stark mitgenommen. Um 1370.

29 Passionsszenen an den Strebepfeilern des Ostchores der Sebalduskirche. Sandstein. Das erste Relief, Einzug in Jerusalem, eine Kopie der Mitte des 19. Jahrhunderts, das zweite, Abendmahl, eine Kopie aus der Zeit der letzten Wiederherstellung der Kirche. Es sind weiter dargestellt: Gethsemane, Gefangennahme, Christus vor Pilatus, Geißelung, Dornenkrönung, Kreuztragung, Christus am Kreuz und Auferstehung. Die Reliefs sind, laut den beigegebenen Wappen, gestiftet von den Nürnberger Patrizierfamilien der Groland, Geuder, Pfinzing, Geuschmid, Beheim, Sachs und Grundherr (eines der Wappen, das noch hinzuzuzählen ist, lässt sich nicht ermitteln). Aus derselben Werkstatt wie der Figurenschmuck des Wandtabernakels im Umgang des Ostchores der Kirche. Um 1375.

30 Wandtabernakel im Ostchor der Sebalduskirche. Sandstein. Der figürliche Schmuck im Ganzen gut erhalten. Bemalung modern. Gestiftet von den Groland und Muffel. Unterhalb des Schreines die Einbalsamierung der Leiche Christi durch Joseph von Arimathia im Beisein von sechs Jüngern, zu beiden Seiten dieser Darstellung Leuchterengel, über diesen Petrus und Sebaldus und über ihnen zwei Propheten. In den Zwickeln über den Leuchterengeln Pelikan und Löwe mit Jungen. Über dem Schrein die heilige Dreifaltigkeit zwischen Maria und Johannes. Unter den beiden Strebebogen zu den Seiten des ganzen Aufbaues knien die Stifter; über ihnen die Wappen der Groland und Muffel und darüber auf Konsolen je ein Engel mit Leidenswerkzeugen. Als Bekrönung des Ganzen: Christus als Weltenrichter zwischen Maria und Johannes dem Täufer. Interessant ist, dass die Architektur dieser Bekrönung als durch die Fensterbank hindurchgestoßen gedacht ist und um ein gutes Stück in die Fläche der Fensteröffnung hineinragt. Seitlich der Anlage rechts auf Konsole, unter Baldachin, Christus als Schmerzensmann; als Gegenstück auf der anderen Seite ist wohl eine Maria anzunehmen (nicht mehr vorhanden). – Um 1375 (aus der Erbauungszeit des 1372–79 errichteten Ostchores). In der oberen Pfarrkirche zu Bamberg im Chorumgang ebenfalls ein mit Figuren reich geschmücktes Wandtabernakel; unter dem Einfluss der Nürnberger Plastik, es hat aber mit dem Meister des Tabernakels in St. Sebald nichts zu tun.

31 Christus in Gethsemane. Relief an der Außenwand des Westchors der Sebalduskirche. Sandstein. Es fehlen zwei Bäume oberhalb der Apostelgruppe. Auch sonst Spuren der Verwitterung bemerkbar. Die schlichte, sehr ausdrucksvolle Darstellung zeigt links unten das betende Stifterehepaar. Ursprünglich farbig getönt. Um 1380.

32 Maria mit Kind. Am ersten südlichen Pfeiler im Ostchor der Sebalduskirche. Stein. Zepter ergänzt. Das aus Holz geschnitzte Kind um 1480. Bemalung bei der letzten Wiederherstellung des Chors erneuert. Baldachin im unteren Teil Stein, im oberen Holz. – Um 1380. – Verwandt im Typ die Madonnen Dötschmannsplatz 20, Adlerstraße 13 und Kornmarkt 3.

33 Christus als Schmerzensmann. An der Nordseite der Lorenzkirche. Sandstein. Ursprünglich farbig getönt. Beschädigt sind der Daumen der linken und der rechten und der Zeigefinger der rechten Hand. Letztes Viertel 14. Jahrhundert.

34–36 Die Bildwerke des Schönen Brunnens. Germanisches Museum, Lapidarium. – Als Meister des aus Sandstein errichteten,

18 ½ m hohen Brunnenbaues wird in alten Rechnungen Heinrich der Parlier genannt. Dieser 1363–1405 in Nürnberg nachweisbar und vielleicht identisch mit Heinrich Beheim Balier, dem Erbauer des Ostchors von St. Sebald. Mit dem Meisternamen ist jedenfalls nur der Architekt des Aufbaues, nicht aber der Schöpfer des Figurenschmuckes gemeint. Alte Chroniken nennen als Jahr der Errichtung 1362. Der stilistische Charakter der Figuren weist aber auf eine etwas spätere Zeit, wie auch die Rechnungen, die von 1385–96 herrühren. – Viele Erneuerungen! So z.B. 1446 Reparatur. 1490 Ergänzungen und Neubemalung durch Michael Wolgemuth. 1587 wiederum neu bemalt. Außerdem Erneuerungen 1540/41, 1769 und 1792 (Beseitigung schlecht erhaltener Teile). 1821–24 unter Leitung von Kunstschuldirektor Reindel unter Mitwirkung der Bildhauer Bandel, Gottfried und Lorenz Rotermundt und Daniel Burgschmiet durchgreifende Erneuerung. Damals wurden die Sitzfiguren der Kirchenväter und Evangelisten an den Ecken des Wasserkastens, da völlig verwittert, durch in Erz gegossene wasserspeiende Tiere ersetzt. – Drei schöne Prophetenköpfe von Statuen aus dem oberen Stockwerk des Brunnens heute im Berliner Museum (Vöge, Deutsche Bildwerke, 1909, Nr. 53). Die übrigen figürlichen und architektonischen Reste des Brunnens im Germanischen Museum. – An Ort und Stelle eine von Baurat Wallraff und Bildhauer Herzog geschaffene Wiederholung aus Muschelkalk, 1903 vollendet. Bemalung und Vergoldung nach einer kolorierten Zeichnung des Georg Pencz von 1541. – Schon in gotischer Zeit umgab den Brunnen ein Gitter. Dieses 1587, angeblich von Paulus Kühn, Augsburg, durch ein neues ersetzt. Der obere Aufsatz desselben nach Entwurf von Wallraff erneuert. – Die originalen Skulpturen des Brunnens sind von zwei Meistern geschaffen: der eine schuf die sieben Propheten im oberen Stockwerk, die Esaias, Jeremias, Ezechiel, Daniel, Hosea, Joel und Amos darstellen, der andere die sechzehn Standfiguren des unteren Stockwerkes, in denen heidnische, alttestamentliche und christliche Helden (Hektor, Alexander und Cäsar; Josua, David und Judas Makkabäus; Karl der Große, Chlodwig und Gottfried von Bouillon) und die sieben Kurfürsten des deutschen Reiches geschildert sind, und die zugehörigen Konsolen mit den frischen Köpfen von Männern und Frauen in Zeittracht. – Auf jeder Ecke des Wassertroges befand sich die Statue eines Evangelisten oder eines Kirchenlehrers mit seinem Schüler; von diesen Bildwerken ist nichts mehr vorhanden. – Der ausgezeichnete, aber gewöhnlich zu gering eingeschätzte Meister der Prophetenfiguren bewegt sich noch

in einer gebundeneren, im eigentlichen Sinne idealistisch-mittelalterlichen Formweise. Der Meister der Standfiguren der Helden und Kurfürsten dagegen drängt zu einer seinen Beobachtung individuellen Lebens, was sich in der Form, dem Ausdruck und der Barttracht der ursprünglich offenbar vorzüglich gearbeiteten Köpfe, von denen manche in späterer Zeit übergangen sein werden, deutlich kundtut. Auch strebt er in der Behandlung der Gewandung nach Wechsel und vielartiger Form, die auf eingehenderes Naturstudium deutet. – Über den Erhaltungszustand der im Germanischen Museum befindlichen Figuren vgl. Josephi, Katalog der plastischen Bildwerke, 1910, Nr. 17ff. Ebenda ausführliche Literaturangabe. – Vom Meister der Helden und Kurfürsten wohl- auch das Standbild eines Fürsten oder Helden im Berliner Museum (Vöge a.a.O., Nr. 54).

37 Figur eines sitzenden Musikanten. Vom Brunnen im ersten Hof des Heiliggeist-Spitals. Germanisches Museum, Neubau, Erdgeschoß, Saal Nr. 103. An Ort und Stelle Kopie. Erzguss. An einigen Stellen ausgebessert. Die in den Ohren steckenden Röhren Zutat späterer Zeit. Um 1390.

38–41 Neun sitzende Apostel. Sechs im Germanischen Museum, Josephi Nr. 91–96, und drei in der Jakobskirche (Hochaltar). Gebrannter Ton. Ursprünglich farbig gefasst. Die Figuren im Museum sind abgelaugt, die der Jakobskirche auf Veranlassung Heideloffs in der ersten Hälfte des 19. Jahrhunderts dunkelgrün überschmiert. Unter dem dunkelgrünen Überzug eine alte Fassung. Außer den drei verlorengegangenen Aposteln gehörte jedenfalls noch ein Christus zur Folge. Die Figur des Johannes des Täufers in der Jakobskirche, dort neben den Apostelfiguren aufgestellt, eine schlechte Arbeit des 19. Jahrhunderts. – Die Bildwerke stammen vielleicht aus einer der Nürnberger Klosterkirchen. Eine Zeitlang waren die sechs Figuren des Germanischen Museums in der Frauenkirche (Rettberg, Nürnberger Briefe, 1846, S. 78, erwähnt sechs sitzende Apostel als unter dem Tucheraltar aufgestellt). – Um 1400. Sämtliche Apostel sitzen auf Bänken, die mit sehr schönem gotischem Maßwerk und zierlichen Fialen geschmückt sind. – Zu den abgebildeten Figuren ist zu bemerken: Apostel Bartholomäus: es fehlen namentlich eine Stirnlocke, das Schwert, Zehen vom Fuß und kleine Gewandteile; Apostel Johannes: es fehlen die Stirnlocke, der Kelch und kleine Gewandteile, ergänzt u.a. die Sockelecke zu seiner Linken; Kopf eines jugendlichen Apostels: es fehlt die Stirnlocke; Apostel in der Jakobskirche: Speer ergänzt; mit dunkelgrüner

Farbe überschmiert. – Über den Zustand der übrigen Figuren vgl. Josephi, Katalog der plast. Bildwerke.

42 Das Abendmahl. Lorenzkirche, Renaissance-Altar im nördlichen Teil des Chorumganges. Gebrannter Ton. Ursprünglich farbig gefasst. Im 19. Jahrhundert mit schwarzgrüner Farbe überschmiert, darunter noch alte Fassung. Vom Meister der Tonapostel. Im Ganzen gut erhalten. Ergänzt sind der Oberkörper des Apostels, der zur Rechten Christi ganz am Ende des Tisches sitzt, und der Oberkörper des Apostels Judas am entgegengesetzten Tischende. Diese Ergänzungen der zwanziger Jahre aus Gips. (vgl. W. Stengel in „Kunst und Handwerk", 1913, S. 474f.).

43 Stehender Apostel. Germanisches Museum, Josephi Nr. 89. Gebrannter Ton. Ursprünglich farbig gefasst. Um 1400. – Zwei weitere, zur gleichen Folge gehörige Figuren im Germanischen Museum (Nr. 87 und 88). Eine gewisse Wahlverwandtschaft hat mit ihnen ein sitzender Tonapostel im Kaiser-Friedrich-Museum, Berlin (Vöge, Deutsche Bildwerke, 1909, Nr. 67). – An der abgebildeten Figur fehlen beide Stirnlocken, Stücke vom Fuß, vom Buch und aus der Gewandung.

44 Evangelist Johannes. Innere Nordwand im Chor der Sebalduskirche. Gebrannter Ton. Gestiftet von einem Tucher. Um 1410. Lebensgroß. Hände und ein Teil des Gewandes ergänzt. Fassung neu. Loßnitzer, Stoß, S. 21, hält die Figur fälschlich für eine Arbeit der Werkstatt des Schlüsselfelderschen Christopherus (Westchor, Außenseite).

45 Deokarusaltar. Lorenzkirche. Christus, die zwölf Apostel und der heilige Deokarus (Mittelschrein). Lindenholz. Ursprünglich farbig gefasst und vergoldet. – Am 1. Mai 1406 wurden die 1310 schon nach der Eroberung von Herrieden nach Nürnberg verbrachten und auf dem Zwölfbotenaltar der Lorenzkirche aufgestellten Reliquien des hl. Deokarus durch einen Erzbischof Eyringius zu Ehren des erwähnten Heiligen und der zwölf Boten (Apostel) konsekriert. Am 5. Juni darauf wurde der Schrein mit den Reliquien aufgestellt (Urkunde S. 1, J. 139, Nr. 12, Kreisarchiv Nürnberg). Aus dieser Zeit jedenfalls die Figuren des Schreins und die Malereien seiner Flügel. 1437 stiftete Andreas Volckamer einen neuen silbernen Behälter für die Reliquien. Außer diesem Behälter (1811 aus der Kirche entfernt, verschollen) damals von Volckamer auch der hölzerne Altaruntersatz und die bemalten zugehörigen Flügel gestiftet. In Urkunden von 1405, 1411 und 1433 wird stets vom Zwölfbotenaltar gesprochen. Erst seit 1437 scheint der Altar der Verehrung des heiligen Deokarus gedient zu haben. –

Ursprünglich stand der Altar in einer der Seitenkapellen. – Vgl. Pückler-Limpurg, Die Nürnberger Bildnerkunst, 1904, S. 77ff.

46 Christus am Kreuz zwischen Maria und Johannes. Relief in der Tetzelkapelle der Egidienkirche. Sandstein. Ursprünglich farbig. Mehrfach überstrichen, sodass die plastische Form stark an Klarheit und Wirkung verloren hat. – Drei Engel fangen in Kelchen das Blut Christi auf. Unten zwei Kriegsleute, die um den Rock Christi würfeln. Links kniet der Stifter neben seinem Wappen. Um 1410. Es fehlen Finger der linken Hand Christi, Nase und linke Hand des Johannes und ein Teil der Bekrönung des Wappenhelmes. Ergänzt unterer Teil des einen Armels am Rock Christi. Rechts vom Rock ursprünglich möglicherweise noch eine weitere Figur (Krieger oder Stifterin?).

47 Heilige Barbara, Katharina und Agnes. Relief im nördlichen Seitenschiff der Lorenzkirche. Sandstein. Cuppa des Kelches der Barbara weggebrochen. Beschädigungen am Rad der Katharina und am Randprofil des Reliefs. Erstes Viertel 15. Jahrhunderts.

48 Grabmal des Konrad von Egloffstein. Jakobskirche, südliche Seitenkapelle. Sandstein. Bemalung erneuert. Inschrift: „Anno Domini MCCCCXVI ipso die Leodegarii majoris obiit frater Conradus de Egloffstein praeceptor Allemanorum ordinis Teutonicorum cuius anima requiescat in pace." Der Vorsteher der Nürnberger Deutschordensritter, die ihr Haus nördlich der Kirche hatten, ist in Kutte und Mantel mit Kapuze dargestellt. Um 1416. – In den unteren Teilen, etwa von Kniehöhe abwärts, stark zerstört.

49 Schmerzensmann im Sarkophag, mit dem Schweißtuch, zwischen Heiligen, unten Anbetende. Relief links neben dem Portal der Moritzkapelle. Sandstein. Christus, im Sarkophag stehend, erhebt die Arme (jetzt abgebrochen), um die Wundmale an den Händen zu zeigen. Aus dem Sarkophag hängt das Schweißtuch mit dem Antlitz Christi (vera icon). Rechts von Christus Maria und Katharina, links Johannes und Barbara (nicht Kaiser Heinrich und Kunigunde, wie Pückler angibt). Im unteren Teile des Reliefs ein Papst (von Pückler fälschlich als Kaiser bezeichnet), ein Bischof und das Stifterpaar. Stifter mit langem, weitärmeligem Rock und großem Hut mit Sendelbinde, modische Tracht aus Frankreich und Burgund. Datiert 1422. – Schon stark verwittert und durch ein schmales Blechdach nur sehr ungenügend geschützt.

50 Maria mit Kind, vom Lobenhoferschen Haus an der Fleischbrücke, Hauptmarkt 2. Germanisches Museum, Josephi Nr. 234. Birnbaumholz. Bemalung zum Teil erneuert, namentlich im Gesicht, an

den Händen, dem Kind und den Unterseiten des Mantels. Dagegen ist das Gold der alten Fassung noch wohl erhalten. Es fehlen die Fingerspitzen der linken Hand der Maria und die Zehen am linken Fuß des Kindes. Erstes Viertel 15. Jahrhundert.

51 Grabmal des Herdegen Valzner. Spitalkirche, Valznerkapelle. Sandstein. Ursprünglich farbig bemalt. Die auf vier kurzen Pfeilern ruhende Platte mit Resten des metallenen Spruchbandes und dem Wappen aus dem gleichen Material. Herdegen Valzner, Besitzer der 1393 von ihm erworbenen Herrschaft Hilpoltstein, seit 1401 Bürger von Nürnberg, seit 1403 Pfleger des Heiliggeistspitals. Als Pfleger baute er die Kapelle an die Kirche an. 1418 legte er alle Ämter nieder. Er starb 1426. Das Grabmal etwa zwischen 1418 und 1426 entstanden.

52 Maria mit Kind, auf der Mondsichel stehend, im Strahlenkranz, von Engeln gekrönt. Chor der Sebalduskirche, erster nördlicher Chorpfeiler. Birnbaumholz. Fassung und Vergoldung erneuert. Konsole und Baldachin aus Stein, der Zeit der Erbauung des Chores angehörig. Auf dem Baldachin saß ursprünglich wohl eine hölzerne Bekrönung. Die Schreinflügel fehlen. Vielleicht sind die (späteren) Flügel zu erkennen in den von Hans von Kulmbach gemalten Altarflügeln mit Joseph und Zacharias, Alte Pinakothek, München, Nr. 254 und 255. – Um 1430. – Vgl. Reiners in „Zeitschrift f. christl. Kunst", 1911, Spalte 14; er verweist auf den verwandten Typ einer Kölner Madonna. Siehe auch Hartlaub, Zeitschrift f. bild. Kunst, 1913, S. 127.

53 Maria mit Kind am Hause Josephsplatz 7. Stein. Gut erhalten, aber mit grauem Anstrich überschmiert. Ursprünglich farbig getönt. Wende des ersten Drittels des 15. Jahrhunderts.

54 Christus als Schmerzensmann, von der Nordseite der Sebalduskirche. Germanisches Museum, Lapidarium. An der Kirche Kopie aus der Zeit der letzten Wiederherstellung der Kirche. – Sandstein. Lebensgroß. An der Konsole das Wappen der Rieter. Nach Würfel, Diptycha ecclesiae Sebaldinae, 1757, S. 11, befand sich neben der Statue ehemals ein Messingtäfelchen mit Inschrift und der Jahreszahl 1437. Um 1435–40. – Stark verwittert. Der vordere Teil des Kopfes (bis Kehle, Ohren und etwa Mitte des Oberkopfes) angesetzt.

55 Heiliger Christopherus. Westchor der Sebalduskirche, Außenseite. Sandstein. Überlebensgroß. Ursprünglich farbig getönt. An der Konsole zwei Engel mit dem Wappen der Schlüsselfelder und die Inschrift mit dem Namen des Stifters: „Heinrich Schlüsselfelder anno domini MCCCCXLII."

56 Grablegung Christi. Wolfgangskapelle der Egidienkirche. Sandstein, aus mehreren Blöcken gefügt. Ursprünglich jedenfalls farbig getönt. An der Leibung des Nischenbogens: „Got herre jhesu krist erbarme dich über mich" und die Jahreszahl 1446. Gestiftet von dem Mönche Ulrich Schwab, genannt Smidlein. Ergänzt sind die Nasen Christi, des Johannes und der beiden Träger. Vgl. das im Typus verwandte heilige Grab in Soignies, Südbelgien.

57 Apostel Paulus. Egidienkirche, Euchariuskapelle. Holz. Ursprüngliche Bemalung und Vergoldung in späterer Zeit mehrmals überstrichen. Der obere Teil des Spruchbandes, das in Barockschrift die Worte: „Paulus Apostel Ch." trägt, und die Parierstange des Schwertes weggebrochen. – Mitte 15. Jahrhunderts – Jetzt in einem Barockaltar.

58 Maria mit Kind, auf der Mondsichel thronend. Germanisches Museum, Josephi Nr. 266. Lindenholz. Bemalt und vergoldet. Ergänzt der linke Arm des Kindes und kleine Gewandstücke, wie auch Teile der Bemalung (1876). Um 1460–70.

59 Erzengel Michael. Lorenzkirche. Lindenholz. Loßnitzer, Veit Stoß, S. 34, wies nach, dass der Stich des Meisters E. S. Lehrs II, Nr. 152 dem Schnitzer der Figur als Vorbild gedient hat. Der Engel hielt in der linken Hand wohl die Waage. Um 1480. – Konsole aus der Zeit, Baldachin romantische Neugotik.

60 Die Beweinung Christi im Mittelschrein des Halleraltares der Kreuzkirche. Lindenholz. Farbig gefasst. Vielleicht nach einem Entwurf des Malers Wolgemut, der dann wohl die Ausführung überwacht hat (vgl. Daun, Veit Stoß ..., 1916, S. 117ff. und Abraham, Nürnberger Tafelmalerei, 1912, S. 283). Wenn Daun „jede echte Gefühlsäußerung" dem Werke abspricht, so ist das nicht gerechtfertigt. Um 1485.

61 Maria mit Kind, vom Hause Albrecht-Dürer-Platz 4. Germanisches Museum, Josephi Nr. 50. Sandstein. Überbleibsel der alten und neueren Fassung. Es fehlen Stücke des rechten Armes und Gewandteile am Ellbogen des linken Armes. In der Rechten trug die Madonna jedenfalls ein Zepter. An der Deckplatte der Konsole: „Kazel 1482". Ihrem Formcharakter nach ist die Figur aber später, 1495–1500 etwa, anzusetzen. Stifter unbekannt; auf das Wappenschild an der Konsole ein Wappen später aufgemalt.

62 Greif, einen Löwen schlagend. Burgstraße Nr. 8. Stein. Frühes 15. Jahrhundert. Ursprünglich farbig gefasst. Heute ohne Farbe. Wohl erhalten.

63 Pelikan mit seinen Jungen im Nest. Rathausgasse 6. Stein. Erste Hälfte 15. Jahrhunderts. Ursprünglich farbig getönt und vielleicht auch etwas vergoldet. Vergoldung neu.

64 Brunnenmaske, vom Unschlitthaus. Germanisches Museum, Josephi Nr. 157. Bronzeguss. Mit einem verwandten Kopf bis in die sechziger Jahre des 19. Jahrhunderts als Brunnenmündung an dem Ende des 15. Jahrhunderts erbauten Unschlitthaus. Um 1400.

Adam Kraft

65–66 Das Schreyersche Grabmal am Ostchor der Sebalduskirche. Sandstein der Nürnberger Umgebung (Vach). Aus mehreren Steinplatten zusammengesetzt. Ursprünglich bemalt. Am unteren Rand die Figuren der Stifter und ihrer Verwandten mit den zugehörigen Wappen. Zwei kleine Figuren, die in den Nischen der Seitenwangen standen, fehlen. Auf dem Sockel der Laterne vor den Reliefs die Jahreszahl der Vollendung: 1492. Unterhalb der Reliefs die Grabsteine des Hanns Schreyer und des Marcus Landauer. – Vertrag vom 11. September 1490 (noch erhalten, Städtisches Archiv, Selecta I, 225), nach dem der Kirchenmeister Sebald Schreyer und Mathias Landauer dem Künstler den Austrag gaben, das über der Begräbnisstätte der miteinander verwandten Familien Schreyer und Landauer angebrachte Gemälde durch ein Steinbildwerk zu ersetzen („ ... die figur des gemels ... in stainwerk zu bringen"). Am 21. April 1492 Anbringung des Werkes. 1495 Erneuerung der Bemalung (vgl. Gümbel im Repert. f. Kunstw. 25, 1902, S. 360f.).

67–71 Das Sakramentshäuschen. Lorenzkirche. Sandstein aus der Umgebung Nürnbergs (Vach). Nahezu 20 m hoch (das 1467–71 errichtete Sakramentshäuschen im Ulmer Münster 8 m höher). Jahreszahl (vielleicht der Vollendung) 1496 in römischen Buchstaben auf Metallplatte unter dem Abendmahlsrelief. – Wiederherstellungen verzeichnet auf der unter dem Ecce homo angebrachten Tafel. Über der Geißelung Metalltafel, nach der das Sakramentshäuschen 1838 „vollständig renoviert" wurde. Das eiserne Schutzgitter datiert 1861. Vertrag zwischen dem Auftraggeber Hans Imhof d. Ä. und Adam Kraft, vom 25. April 1493, im Imhofschen Familienarchiv. In diesem Vertrage, der das Aussehen des Sakramentshäuschens in großen Zügen festlegt, wird Kraft drei Jahre Arbeitsfrist gegeben. Während dieser Zeit darf er nur mit Zustimmung Imhofs andere Arbeiten übernehmen. Mitarbeiter sollen vier, mindestens drei Gesellen sein. Honorar: 700 Gulden.

Er erhielt 1496 noch 70 Gulden dazu und für seine Frau einen Mantel. – Die Türen des Gehäuses von einem Meister Friedrich. – Neudörfer überliefert, dass in den knienden Stützfiguren am Sockel Kraft sich selbst und zwei seiner Gesellen porträtiert habe. Die gebogenen Fialen der Architektur aus Steinteilen, die auf Draht gereiht sind. Dehio (Geschichte der deutschen Kunst, ll, 1921, S. 246f.) zweifelt daran, dass Kraft auch die Architektur entworfen hat. Auffällig wäre in einem solchen Falle dann, dass der Vertrag nur mit ihm geschlossen wird und nur von ihm darin die Rede ist. Auch möchten wir hier daran erinnern, dass Kraft urkundlich einmal Baumeister genannt wird. Er war also nicht so ausschließlich Bildhauer, als dass er sich nicht auf gelegentliche architektonische Arbeiten verstanden hätte. Dass Bildhauer damals nicht nur in ihrem Gebiet, sondern auch auf anderem Feld zuweilen sich betätigten, beweist u.a. das Beispiel des Veit Stoß, der im Brückenbau arbeitete. Zugunsten der Urheberschaft Krafts spricht aber vor allem, dass in den Figuren wie im architektonischen Aufbau ein Formgeist sich verwirklicht, der ganz auffallend gleichgeartet ist. 1500 soll Kraft für Kaisheim bei Donauwörth ein Sakramentshäuschen geschaffen haben. Das von Endris Embhardt 1498 für die Stadtkirche zu Crailsheim ausgeführte Weihbrotgehäuse zeigt den Einfluss Kraftscher Kunst. Die Sakramentshäuschen der Nürnberger Umgebung: Kalchreuth 1498, Schwabach 1505, Heilsbronn 1515, Fürth um 1515, Katzwang um 1520 und Ottensoos 1522, nicht von Kraft, wohl aber von Meistern, die unter seinem Einfluss standen. Am nächsten steht seiner Kunstweise das Sakramentshäuschen in Kalchreuth.

72 St. Georg, Theresienstraße Nr. 23. Sandstein. Mehrfach mit Farbe überstrichen. Die Hälfte der Parierstange des Schwertes und die rechte Fußspitze des Heiligen weggebrochen. Um 1495–1500.

73 Relief an der Stadtwaage, Winklerstraße 22. Sandstein. Ursprünglich jedenfalls farbig gefasst. Auf einem Spruchband hinter dem Kopf des Waagemeisters: „dir als ein andern." Über der Waage die beiden Wappen der Stadt Nürnberg und ein Spruchband mit der Zeitangabe „ano 1497". Gesicht des Waagmeisters durch Verwitterung entstellt.

74 Grabmal Pergenstörffer. Frauenkirche. Sandstein. Aus mehreren Teilen zusammengesetzt. Hässlicher Ölfarbenüberstrich des 19. Jahrhunderts. Manches weggebrochen, so die Fialen der Baldachine, die vorderen Flügel der den Mantel Mariä haltenden Engel. Maria ist als Schutzmantelmadonna dargestellt, die die Vertreter der Menschheit (ihr zur Rechten) und die achtgliedrige Stifterfamilie (ihr zur Linken)

beschirmend unter ihren Mantel nimmt. Die letzten Todesdaten der Inschrifttafel unten sind 1498 und 1499. Um diese Zeit Entstehung des Grabmals. – Einst im Kreuzgang des Augustinerklosters. Nach dessen Abbruch 1816 in die Frauenkirche verbracht.

75 Rebecksches Grabmal, ebenda. Sandstein. Moderner Ölfarbenüberstrich. Dargestellt Krönung Mariä durch Gottvater und Christus vor einem von vier Engeln gehaltenen Tuche. Über dem Baldachin Figur eines Propheten. Auf dem Spruchband unter dem Relief „Ano dm 1500 an sanct Veits tag starb de ’erbe' hans rebeck de' junge vn letzt des namens de hie begrabe ligt de got genad." – Es fehlen u.a. ein Teil des rechten Fußes Christi und je ein Arm der das Wappen haltenden Männer. Die vorderen Flügel der das Spruchband haltenden Engel in Holz ergänzt. Kleinere Beschädigungen u.a. an der Hand Gottvaters, an der Krone Mariä und an den Gewandteilen der Figuren. – Ehemals im Kreuzgang der Dominikanerkirche. Nach ihrem Abbruch 1809 in die Frauenkirche überführt.

76 Grabmal der Landauer. Tetzelkapelle der Egidienkirche. Sandstein. Ursprünglich bemalt. 1696 beim Brand der Kirche schwer beschädigt. So fehlen u.a. der mittlere Baldachin und große Teile der Seitenbaldachine, die Figuren über den seitlich angebrachten Wappen und am seitlichen Abschluss des Mittelfeldes. Starke Zerstörungen an den Hauptfiguren und so fort. – Dargestellt die Krönung Mariä durch Gottvater, Christus und Engel. Unter dem Wolkenstreifen musizierende Engel, links davon die betende Christenheit, rechts Angehörige der Stifterfamilie mit Wappen. Jahreszahl 1503 am Gesims über der Schrifttafel. Mathias Landauer, der mit Sebald Schreyer das Schreyer-Landauer Grabrelief von Kraft hatte machen lassen, gab dies Epitaph wohl nach dem 1501 erfolgten Tod seiner Frau dem Künstler in Auftrag.

77 Maria mit Kind am Hause Ecke Fünferplatz und Bindergasse. Stein. Ursprüngliche Fassung im 19. Jahrhundert mit hässlichen Farben erneuert. Für einen 1504 errichteten Neubau geschaffen, der ein 1503 abgebrochenes Haus ersetzte. Dieser Neubau von 1504 wurde 1853 abermals erneuert. Am Sockel über einer Fratze ein Mann neben einem Ungeheuer.

78–80 Die Stationen. Sandstein. Ehemals bemalt. Um 1505–1508. Im Ganzen 7 Stationen, die in bestimmten Abmessungen voneinander in der Burgschmiet- und Johannisstraße standen. An Ort und Stelle nur noch die vierte, Christus und Veronika, original. Die anderen

Kopien. Die sechs weiteren Originale im Germanischen Nationalmuseum (Kirchenraum). Dargestellt sind: 1. Christus begegnet der Mutter. 2. Simon von Kyrene muss das Kreuz tragen helfen. 3. Christus ruft den Frauen von Jerusalem zu, nicht über ihn, sondern über sich selbst und ihre Kinder zu weinen. 4. Christus und Veronika. 5. Christus wird von den Juden geschlagen. 6. Christus stürzt zu Boden. 7. Beweinung Christi. Die siebente Station wurde, als der Johannisfriedhof nach Osten zu vergrößert worden war, im 16. Jahrhundert in die Friedhofsmauer eingelassen, sodass zwischen diese Station und die sechste die Kreuzigungsgruppe zu stehen kam. Murr berichtet („Merkwürdigkeiten ... ", 1778, S. 342), dass unter dem Kreuze Christi der Hauptmann, einige Kriegsknechte und Juden zu sehen waren und dass außer Maria und Johannes noch eine Frau und vier verschleierte Weiber zu den Figuren des Kalvarienberges gehörten. Von diesen Bildwerken der Kreuzigungsgruppe nur noch die kümmerlichen, zum Teil dem 17. Jahrhundert entstammenden, oft überarbeiteten Überbleibsel erhalten, die heute im Spitalhof aufbewahrt werden. 1662–63 durch Ratsmanual Ausbesserung verfügt. An Ort und Stelle heute Erneuerungen von 1901 und 1905. Diese zeigen außer den drei Kruzifixen nur Maria und Johannes. Am Ende der Reihe der Bildwerke die Darstellung der Grablegung in der Holzschuherkapelle (mit Jahreszahl 1508 an der Nischenwand, auch von Trechsel, „Verneuertes Gedächtnis ... ", 1735 erwähnt). Der Stifter der Stationen war vielleicht Heinrich Marschalck von Raueneck, der 1513 die Kapelle über der 1508 aufgerichteten Grablegung erbauen ließ. Die künstlerisch weit geringeren Bamberger Stationen (aus dem Wege nach St. Getreu) wohl früher begonnen als die Nürnberger (Kreuzigung mit Jahreszahl 1500, Grablegung war zufolge einer Mess-Stiftungsurkunde 1503 vollendet), aber im weiteren Verlauf ihrer Ausführung nach dem Vorbild der Stationen in Nürnberg gearbeitet. Die Nürnberger Reliefs stark verwittert und beschädigt und mehrmals, so im 17. und vor allem im 19. Jahrhundert, überarbeitet und auch ergänzt. Über die Wiederherstellungen vgl. Mummenhoff, Mitteil. d. Vereins f. Geschichte d. Stadt Nürnberg, Heft 15, 1902, S. 205 und Josephi im Katalog der Plastik des Germanischen Museums, 1910, S. 28ff. – Zu den hier abgebildeten Stationen ist zu bemerken: 5. Station (Christus wird geschlagen): rechts fehlt ein beträchtliches Stück des Reliefs; einige Ergänzungen, die mit eisernen Zapfen angedübelt waren, wieder abgefallen; das eiserne Tau um die Hüften Christi Ergänzung. 6. Station (Christus fällt zur Erde). 1859 die Oberkörper der beiden vorgebeugten, Christus packenden Schergen ergänzt. An der Christusfigur vor allem die Nase erneuert. 7. Station: Ergänzt zuletzt 1829 und 1854–55. Erneuerungen an der rechten Hand Christi, an Gewandteilen und an den beiden oberen Ecken.

Veit Stoß

81–82 Abendmahl, Ölberg, Gefangennahme Christi. Reliefs in der Sebalduskirche. Stein.

Ursprünglich, vielleicht nur teilweise, farbig getönt (Lippen und Augen). Nachdem die von Neudörfer irrtümlich Kraft zugewiesenen Reliefs lange als Arbeiten dieses Meisters gegolten hatten, 1863 durch den polnischen Maler A. Lesser auf dem Säbel des Polen oder Türken der Gefangennahme neben der Jahreszahl 1499 das Meisterzeichen des Stoß entdeckt. Stiftung des Paul Volckamer. Dieser mit seinen beiden Söhnen und dem Familienwappen im ersten Feld unten links, seine beiden Frauen und seine drei Töchter mit den Wappen der Mendel und Haller im dritten Feld unten rechts dargestellt. Die zwölf Jünger der Abendmahlsdarstellung nach Neudörfer angeblich Bildnisse der damaligen Ratsherren und des Veit Stoß selbst. An den Köpfen, Händen, Gewandteilen und Waffen kleinere und größere Ergänzungen aus den Jahren 1903–6; so sind auf der Abendmahlsdarstellung u.a. Finger der rechten Hand Christi, die rechte Hand des Apostels über ihm und der Kelch und ein Teil der Hand des rechts sitzenden Apostels mit dem Weinkrug in der Linken erneuert, desgleichen die Köpfe des Stifters und seiner Frauen. – Die über den Reliefs aufgestellten stattlichen Holzfiguren Christi und Mariä, datiert 1499, ebenfalls von Stoß.

83 St. Andreas, Sebalduskirche. Holz. Ursprünglich waren möglicherweise nur Lippen und Augen farbig behandelt. An der Konsole Wappen der Tucher. Teile der Füße und Hände erneuert. – Um 1499.

84–85 Maria mit Kind vom Wohnhaus des Künstlers, Wunderburggasse 7. Germanisches Museum, Josephi Nr. 278. Lindenholz. Abgelaugt (1892). Ursprünglich farbig gefasst. Es fehlen mehrere der sternförmigen Ziernägel aus Zinn. Ergänzt (1892) namentlich einige Kronenzacken und vier Zehen vom rechten Fuß des Kindes. Unsere Abbildung zeigt den Zustand vor der Ergänzung. Lotz, Kunsttopographie II, 1863, berichtet von einer Jahreszahl 1499, die sich an der Figur befunden habe. Um 1500–1510.

86 Madonna mit Kind an der Außenseite der 1395 erbauten Tetzelkapelle der Egidienkirche. Sandstein. Aus zwei Steinen zusammenge-

setzt. Im Ganzen gut erhalten. An der Konsole das Wappen der Tetzel. Kurz vor 1500.

87 Anna selbdritt. Jakobskirche. Lindenholz. Lebensgroß. Einst farbig gefasst. Von Heideloff überschmiert. Unter dem hässlichen Überstrich alte Vergoldung erhalten. Vgl. den Stich von Ulrich Krauß von 1696, woraus ersichtlich wird, dass die Gruppe am zweiten südlichen Rundpfeiler der Frauenkirche frei aufgehängt war. An der Unterseite der Fußplatte ist ein von Wolken umgebenes Gesicht eingeschnitten, was auch auf eine freie schreinlose Anbringung des Werkes deutet. Um 1510.

88 Maria auf Wolken kniend. Germanisches Museum, Josephi Nr. 317. Lindenholz. Abgelaugt. Ergänzt: Riss in der linken Wange, kleine Gewandteile. Angeblich aus Heilsbronn (Katharinenkirche). Aus der Darstellung einer Himmelfahrt Mariä. Um 1512.

89 Kruzifix in der Lorenzkirche. Lindenholz. 1652 durch Bildhauer Georg Schweigger erneuert und durch den Stadtmaler Leonhard Heberlein bronziert. Um 1505.

90–91 Kruzifix aus der Spitalkirche. Germanisches Museum (Josephi Nr. 316). Lindenholz. Kreuz (neuere Zutat) aus Zirbelholz. Dornenkrone ein Taugewinde mit eisernen Nägeln. Bis 1898 braun überstrichen. Dann restauriert und schlecht bemalt. Ursprünglich wohl auf dem Triumphbogen des Chores der Spitalkirche. Um 1510. Ähnlich ist das Kruzifix von Stoß in Ognissanti zu Florenz.

92–94 Kreuzigungsgruppe in der Sebalduskirche. Lindenholz. Fassung von Heideloff erneuert, dann braun überschmiert und von Prof. Schmitz wieder farbig hergestellt. Im hohlen Rücken des Kruzifixus fand Schmitz ein Schriftstück, nach welchem Niclas Vickel von Nürnberg das Bildwerk von Veit Stoß schnitzen und am 27. Juli 1520 aufrichten ließ (Denkmalpflege VI, 1904, S. 131). 1613 von der Empore der Frauenkirche in die Sebalduskirche zum Schmuck des von Georg Wirsching neugefertigten Barockaltares übergeführt. 1823 beseitigte Heideloff den Barockaltar und stellte das Kruzifix auf den von ihm herrührenden neugotischen Altar. Die Figuren von Maria und Johannes nicht zu diesem Kruzifix gehörig, von dem sie sich in den Maßverhältnissen und im Formcharakter unterscheiden.

95 Kruzifix in der Margarethenkapelle der Burg. Lindenholz. Reste alter Fassung unter neuerer Bemalung. Die geringeren Figuren der Trauernden nicht zugehörig. Um 1525. Stoßwerkstatt.

96–97 Engelsgruß in der Lorenzkirche. Geschnitzt aus einer Linde des Sebalder Waldes, die laut dem Stiftungsbuch des Anton Tucher

(Dresdener Bibliothek) dem Amtmann dieses Waldes, Linhart Pömer, am 12. März 1517 bezahlt wurde. 1825/26 restauriert. Es fehlen zwei Engelfiguren innerhalb des Kranzes (Murr, Merkwürdigkeiten ..., 1778, spricht von acht Engeln) und der Christusknabe, der, mit dem Kreuz in der Rechten, als Sinnbild der Menschwerdung Gottes, von Gottvater auf Maria herabfahrend, dargestellt war. Nach der Starkschen Chronik außer den sieben Rundreliefs einst noch Darstellung der vier Evangelisten im Kranze. Ursprünglich vielleicht alle Rundreliefs auf dem Kranze selbst befestigt; heute zwei außerhalb. Nach dem Stich bei Doppelmayr, Histor. Nachrichten ..., 1730, war eine eiserne Krone über dem Ganzen aufgehängt. Diese 1825 verkauft. Stoß arbeitete vom März 1517 bis Juli 1518 an dem Werke und erhielt 426 Gulden dafür. (Ausführliche Rechnung bei W. Loose, Anton Tuchers Haushaltungsbuch, Bibliothek des literar. Vereins zu Stuttgart, Nr. 134, S. 145.) Am 17. Juli 1518 aufgehängt. In einer 1867 im Archiv des Tucherhauses (Egidienplatz) aufgefundenen Notiz heißt es: „Anno 1518 hat Anton Tucher den übermalten Leuchter und den Rosenkranz mit dem Englischen Gruß in St. Lorenzenkirche machen und beede in den Chor henken lassen ... Der Rosenkranz ist hernach mit einem Fürhang umbhengt worden, weil Andreas Osiander (1522) darwider geprediget und das Bildwerk die ‚guldene Grasmagd‛ genennet." Laut Rechnung des Haushaltungsbuches des Anton Tucher wurde der Vorhang aus Genfer Tuch und Leinwand samt Chubert (Bekrönung) bereits Februar 1519 und nicht erst nach der Predigt Osianders hergestellt. Er hatte offenbar den Zweck, das Werk vor Staub und Schmutz zu schützen und wurde späterhin Anlass zu der Sage, dass Osiander das Bildwerk aus konfessionellem Grunde habe verhüllen lassen (vgl. Mummenhoff, Allgem. deutsche Biographie, 38, S. 762). 1612 Neuvergoldung. In einer Chronik vom Jahre 1614 ist der Rosenkranz in einem hübschen Gedicht in Reimen: „Ein schöner spruch von dem überschönen rosenkranz, der in der Lorenzerkirchen hanget oben im chor" ausführlich verherrlicht (veröffentlicht von F. T. Schulz, Mitteil. d. Vereins f. Geschichte d. Stadt Nürnberg, 15. Heft, 1902, S. 186ff.). Nach diesem Liede trug Maria auf dem Haupte einen Kranz, die Engel hielten meist Embleme und Gottvater hatte in der jetzt segnend erhobenen Rechten ein Zepter. Die Farbenangaben des Liedes gelten wohl für eine spätere, nicht für die ursprüngliche Fassung. – Bis 1811 in der Lorenzkirche. Im Juli 1811 in die Kaiserkapelle der Burg, 1815 in die Frauenkirche, 1817 aber wieder in die Lorenzkirche verbracht. Beim Emporziehen riss der Strick, das Werk stürzte und zerbrach in viele Teile. Auf Anregung des Buchhändlers Campe 1825/26 unter Leitung Heideloffs von den Gebrüdern Rotermundt wieder zusammengesetzt, ergänzt und neu bemalt. Am 2. April 1826 hing es wieder an Ort und Stelle. – Dargestellt ist die Verkündigung an Maria. Auf den Rundreliefs die sieben Freuden Mariä (Unsere Abbildung nach Gipsabgüssen angefertigt). Am Rosenkranz selbst unten die Schlange des Bösen mit dem Apfel der Erkenntnis. – Der Engelsgruß ist oft falsch beurteilt worden, weil man ihn wie die doch auch für die Nahbetrachtung gearbeitete Figurenwelt eines Altarschreines ansah. Da das Werk aber frei hoch oben im Chore und umflutet von Licht hängen sollte, musste auf eine kräftig-dekorative Form, die das große Ganze klar zur Erscheinung brachte und ihm auf beträchtliche Entfernung hin die Wirkung sicherte, gesehen werden, und die von manchen Beurteilern vermisste Feinarbeit im Einzelnen wäre nicht nur vergebliche Mühe gewesen, sondern hätte dem Gesamteindruck geschadet. Für mein Gefühl hat Stoß eine starke, im besten Sinne dekorative Wirkung von festlich froher Grundstimmung tatsächlich erreicht und zugleich sein Werk in den Chor räumlich ausgezeichnet eingegliedert.

98 Marienfigur am Hause Weinmarkt 12. Sandstein. Fassung neu. Besteller unbekannt. Um 1520.

99–101 Altar der Nürnberger Karmeliterkirche. Jetzt Bamberg, obere Pfarrkirche. Lindenholz. Auf dem gewölbten Mauerstück unter dem knienden Engel das Meisterzeichen des Stoß und 1523 eingeschnitten. Ohne Fassung. Manches verändert und zerstört: so fehlen im Mittelschrein Finger an den Händen Mariä, desgleichen an denen des betenden Engels und an der linken Hand des knienden Engels, der ursprünglich ein Saiteninstrument hielt. Auch fehlt dem langlockigen Engel rechts der Gegenstand, den er hielt. Die Flügel wesentlich besser erhalten. Der zu flache Schrein, der nach innen zu weit übergreift und die Figuren in die Enge einkeilt, nicht der geplante. Die Bogenstäbe später eingefügt. – Wie der nicht vollendete Altar beabsichtigt war, lehrt die im Archäologischen Institut der Universität Krakau aufbewahrte Federzeichnung von Stoß (abgebildet bei Loßnitzer, Veit Stoß, Abb. 55 und Daun, Veit Stoß ..., Tafel LIV/LV). Danach war im Mittelschrein manches anders geplant, als es dann von Stoß ausgeführt wurde und als es heute sich zeigt. Zum Beispiel steht auf der Zeichnung die Säule in der Mitte und trägt zwei Bogenstellungen, im Schreine ist sie seitlich verschoben und ohne jede architektonische Aufgabe. Dass der nackte Bretterbelag hinter den Hauptfiguren heute sich darbietet, ist natürlich nicht im Sinne des Künstlers. Dass Joseph im Gegensatz zum zeichnerischen Entwurf nach links gedreht, die Engelgruppe reicher ausgestaltet und statt eines Engels mit Spruchband eine Mehrzahl von Engeln über der Szene angebracht wurde, sind Änderungen, die auf Stoß selbst zurückgehen. Von den beabsichtigten Flügelreliefs sind nicht alle ausgeführt und die ausgeführten willkürlich angebracht worden. Heute sehen wir nur auf den Innenseiten der beiden vorhandenen Flügel Reliefs und zwar die Geburt Mariä, die Darstellung im Tempel, die Anbetung der Könige und die Flucht nach Ägypten. Die Flügel nun sollten oben halbrunde Abschlüsse mit den Darstellungen des Traumes Josephs und der Ruhe aus der Flucht bekommen. Für den kleeblattförmigen Aufsatz des Mittelschreines aber war die Schilderung der Auferstehung und der Himmelfahrt Mariä vorgesehen. Fünf zu dieser Schilderung gehörige Apostelfiguren waren (wie noch auf unserer Abbildung ersichtlich) einige Zeit im Mittelschrein vor den Hauptfiguren untergebracht. Jetzt befinden sich diese Apostel zusammen mit drei zugehörigen Aposteln in der Pfarrwohnung. Als Bekrönung des Aufsatzes dachte sich Stoß den Auferstandenen zwischen Maria und Johannes, als Bekrönung der halbrunden Flügelabschlüsse ebenfalls kleine Standfiguren (Apostel?). Die Predella sollte mit der Erschaffung Evas, der Vertreibung aus dem Paradies und der Opferung Isaaks belebt werden. – Ausführliches über die Geschichte des Altares bei Loßnitzer, Stoß, S. 143ff. Besteller des Altars war der Sohn des Künstlers, Andreas, der seit 1520 Prior des Nürnberger Karmeliterklosters war. Nach der Abschrift eines Dingzettels vom 13. Juli 1520 (Kreisarchiv, Nürnberg), der zweifellos auf den Altar sich bezieht, sollte das Werk in drei Jahren fertiggestellt werden. Unerquickliche Streitigkeiten gingen um den Altar zwischen der Stadt und Andreas Stoß bis zu dessen Tod (1538) hin und her; endlich wurde das im Chor der Karmeliterkirche als Torso stehengebliebene Werk 1543 an die Erben des Stoß, vom Rate ausgeliefert. 1557 Niederlegung des Chors der Karmeliterkirche, 1817 Zerstörung des Langhauses. Wahrscheinlich sind schon 1557 die beweglichen Kunstwerke aus der Kirche entfernt worden. Wann und aus welchen Gründen der Altar des Stoß in die obere Pfarrkirche nach Bamberg gelangte, ist bis heute ungeklärt. – Dies letzte Werk des Stoß macht zwar, namentlich durch die Lünetten über Schrein und Flügeln, einige äußere Zugeständnisse an die Menaissance, ist aber im Grundcharakter gotisch.

Aus der Nähe des Veit Stoß

102–103 St. Katharina. Germanisches Museum (Josephi Nr. 264). Lindenholz. Abgelaugt. Spuren des Kreidegrundes. Stammt aus der Katharinenkirche. Loßnitzer (Veit Stoß, S. 116) rekonstruiert den Altar. Danach wären zugehörig drei Engel, Germanisches Museum, Josephi Nr. 252–54. Die außerdem zugehörigen Gemälde, heute in der Lorenzkirche, von Dornhöffer, einem Schüler des Meisters des Peringsdörfferschen Altares zugeschrieben (Rep. f. Kunstw. 29, 1906, S. 481). In der geschnitzten Gruppe der Heiligen und der Engel ist die Bestattung der Katharina auf dem Berge Sinai dargestellt. Ergänzt Stücke des Tuches, auf dem die Heilige liegt. Es fehlen die Zacken des Kronreifes. Auf der Brust eine rechteckige, wohl für eine Reliquie bestimmte Vertiefung. Gegen 1500.

104 Rosenkranz mit Engeln. Germanisches Museum, Josephi Nr. 286. Lindenholz. Fassung mehrfach erneuert. Um 1500. Es fehlen verschiedene Attribute in den Händen der 15 Engel. Erneuert sind die zwei vorhandenen Attribute und einige Flügel, Hände und Gewandteile. Das jetzt inmitten des Kranzes angebrachte Kruzifix gehört nicht dazu und ist von anderer Hand. Nach Loßnitzer, Stoß, S. 131ff., wäre der Rosenkranz Teil eines von Anton Tucher 1517 für die Kirche des Sebastians-Hospitals in Auftrag gegebenen Altares.

105 Relief mit der Auferweckung des Lazarus an der Südseite der Sebalduskirche. Germanisches Museum, Lapidarium. Sandstein. Sehr schlecht erhalten, namentlich in den oberen Teilen. Nach M. M. Mayer, Die Kirche des heiligen Sebaldus, Nürnberg, 1831, trug dieser obere Teil das Wappen der Pömer die Jahreszahl 1520. Daun schreibt das Relief Adam Kraft zu (Repert. f. Kunstwissenschaft XXXIX, 1916, S. 145).

106 Heilige Anna selbdritt. Oberer Bergauerplatz 22. Sandstein. Erstes Viertel 16. Jahrhundert. Vielleicht von Adam Kraft.

107 Verkündigung. Frauenkirche (unter der Kanzel). Holz. Fassung 19. Jahrhundert. Um 1525. Die Flügel des Engels, sein Zepter und rechte Hand der Maria ergänzt. Steinkonsolen nicht zugehörig. – Ursprünglich wohl zu dem von Jakob Welser gestifteten Hochaltar der Kirche gehörig, der von Neudörfer als Werk des Veit Stoß bezeichnet wird, noch auf dem das Innere der Kirche darstellenden Stich von Ulrich Krauß von 1696 zu sehen ist und 1816 bei Wiederinstandsetzung der Kirche abgebrochen wurde. Loßnitzer (Veit Stoß, S.154ff.) rekonstruiert den Altar und nennt als weiter noch zugehörig die Heim-

suchungs-Gruppe in der Dilherrschen Kapelle der Jakobskirche, die Strahlenmadonna an der inneren Nordwand der Frauenkirche und die Figuren von Joseph und Maria im Germanischen Museum (Josephi Nr. 296 und 297).

108 Engel. Jakobskirche. Lindenholz. Fassung 19. Jahrhundert. Es fehlen die Haarlocken an der rechten Seite des Kopfes und wohl auch das Attribut. Ergänzt sind Finger der rechten Hand und einige Zehen. Nach Lösch, Beschreibung der Jakobskirche, 1825, hielt der Engel einen Palmenzweig (?).

*

109 Heiliger Sebaldus. Am Äußeren des Chores der Sebalduskirche. Sandstein. Auf einem Spruchband zu Füßen der Figur der Name des Stifters: „Marcus Hirsfogel Doctor". An der Fußplatte das Wappen der Hirschvogel und das Entstehungsjahr: „1501 f." Es fehlen der Pilgerstab, der Zeigefinger der rechten, der Daumen und der kleine Finger der linken Hand und am Gewand kleine Stücke. Das Kirchenmodell, das der Heilige in der linken Hand hält, aus Ton. Die Figur ist aus zwei Blöcken zusammengesetzt.

110 Weibliche Heilige. Von einem Gebäude des Klaraklosters. Germanisches Nationalmuseum, Lapidarium. Sandstein. Stark beschädigt. Es fehlen die Hände und große Teile des Gewandes, der Konsole und des Baldachins. Ursprünglich wohl farbig getönt. Anfang 16. Jahrhundert.

111–112 Sogenannte Nürnberger Madonna. Germanisches Museuwm, Josephi Nr. 478. Lindenholz. Es fehlen kleinere Gewandteile und das Schmuckstück, das den Mantel auf der Brust zusammenhält. Auf der rechten Wange und rechten Hand ein Stück ausgebrochen. Farbig gefasst. Um 1520. Richtung der Kunst Peter Vischers. – Wohl aus der 1807 abgebrochenen Dominikanerkirche (vgl. Murr, Merkwürdigkeiten, 1778, S. 55 und 1801, S. 78). Um 1825 von Professor A. Reindel, Nürnberg, restauriert und mit einem graugrünen Ölfarbenanstrich überschmiert. 1876 vergeblicher Versuch von Bildhauer Gedon, München, diesen Anstrich wieder zu entfernen. Anfang 1921 durch Kunstmaler Barfuß unter Aufsicht von Direktor Dr. E. H. Zimmermann Entfernung der graugrünen Ölfarbenschicht und der Bemalung aus der Barockzeit (vgl. Dr. E. H. Zimmermann, Die Freilegung der alten Fassung der Nürnberger Madonna, Anzeiger des Germanischen Nationalmuseums, Jahrg. 1921, S. 4ff.). Es zeigte sich nun, dass Haube und

"Rife" (Tuch um Hals und Kinn) einst weiß, der Untergrund dunkelrot mit Granatapfelmuster (auf Goldgrund aufgetragen) und das Obergewand ultramarin gewesen sind. Zur Literatur über die wohl eine trauernde Maria darstellende, vielleicht für eine Kreuzigungsgruppe bestimmte Figur vgl. Josephi a.a.O.

LITERATUR

1. Quellenschriften:

[G. W. Lochner] Des Johann Neudörfer, Schreib- und Rechenmeisters zu Nürnberg, Nachrichten von Künstlern und Werkleuten daselbst, aus dem Jahre 1547. Quellenschriften zur Kunstgeschichte, 10. Wien, 1875.

J. Bader, Beiträge zur Kunstgeschichte Nürnbergs, l u. ll. Nördlingen 1860 u. 1862.

Th. Hampe, Nürnberger Ratsverlässe über Kunst und Künstler 1474–1618. Quellenschriften zur Kunstgeschichte, N.F. 11, Wien, 1904.

2. Zusammenfassende Arbeiten über Nürnberg und seine Kunst.

Ch. F. Gugel, Norischer Christen Freydhöfe Gedächtnis. Nürnberg, 1682.

J. G. Doppelmayr, Historische Nachrichten von den Nürnberger Mathematicis und Künstlern. Nürnberg, 1730.

[J. J. Carbach] Nürnbergisches Zion ... Nürnberg, 1733.

J. M. Trechsel, Verneuertes Gedächtnis des Nürnberger Johannisfriedhofs ... Frankfurt, 1735.

A. Würffel, Dypticha Ecclesiarum Norinbergensium ... Nürnberg, 1766.

Ch. G. von Murr, Beschreibung der vornehmsten Merkwürdigkeiten in ... Nürnberg. Nürnberg, 1778 und 1801.

Derselbe, Versuch einer Nürnbergischen Kunstgeschichte 1285–1504. Journal zur Kunstgeschichte II, 1776 und XV, 1787.

G. F. Waagen, Kunstwerke und Künstler in Deutschland. I. Leipzig, 1843.

R. von Rettberg, Nürnberger Briefe zur Geschichte der Kunst. Hannover, 1846.

Derselbe, Nürnberger Kunstleben ... Stuttgart, 1854.

E. Mummenhoff, Das Rathaus in Nürnberg. Nürnberg, 1891.

E. Reicke, Geschichte der Reichsstadt Nürnberg. Nürnberg, 1896.

F. W. Hoffmann, Die Sebalduskirche in Nürnberg. Ihre Baugeschichte und ihre Kunstdenkmale. Überarbeitet und ergänzt von Th. Hampe, E. Mummenhoff, J. Schmitz. Wien, 1912.

P. Rée, Nürnberg. Berühmte Kunststätten, 5. 4. Aufl. Leipzig, 1918.

G. Dehio, Handbuch der deutschen Kunstdenkmäler, III. Berlin, 1920.

3. Arbeiten zur Geschichte der Nürnberger Plastik.

G. W. Lochner, Die noch vorhandenen Abzeichen Nürnberger Häuser. Nürnberg, 1855.

Fr. Wanderer, Adam Kraft und seine Schule 1490–1507. Nürnberg, 1869.

W. Bode, Geschichte der deutschen Plastik. Berlin, 1887.

H. Thode, Die Malerschule von Nürnberg im 14. und 15. Jahrhundert. Frankfurt a. M., 1891.

B. Daun, Adam Kraft und die Künstler seiner Zeit. Berlin, 1897.

S. Graf Pückler-Limpurg, Die Nürnberger Bildnerkunst um die Wende des 14. und 15. Jahrhunderts.

Studien zur deutschen Kunstgeschichte, 48. Straßburg, 1904.

Ch. Geyer, Zur Geschichte der Adam Kraftschen Stationen. Repertorium für Kunstwissenschaft, 28. Berlin, 1905.

B. Daun, Peter Vischer und Adam Kraft. Künstlermonographien, 75. Leipzig, 1905.

Derselbe, Veit Stoß. Künstlermonographien, 81. Leipzig, 1906.

F. T. Schulz, Neuentdeckte Arbeiten des Veit Stoß. Mitteilungen aus dem Germanischen Nationalmuseum, 1908. Nürnberg, 1908.

H. Voß, Zwei unbekannte Werke des Veit Stoß in Florentiner Kirchen.

Jahrbuch der preußischen Kunstsammlungen, 29. Berlin, 1908.

C. Gebhardt, Die Anfänge der Tafelmalerei in Nürnberg. Studien zur deutschen Kunstgeschichte, 103. Straßburg, 1908.

M. Sauerlandt, Deutsche Plastik des Mittelalters. Düsseldorf und Leipzig, 1909.

W. Josephi, Die Werke plastischer Kunst im Germanischen Nationalmuseum. Nürnberg, 1910.

W. Vöge, Die deutschen Bildwerke ... der königlichen Museen zu Berlin. Berlin, 1910.

H. M. Sauermann, Die gotische Bildnerei und Tafelmalerei in der Dorfkirche zu Kalchreuth. Erlangen, 1911. Beiträge zur fränkischen Kunstgeschichte, herausgegeben von F. Haack, Heft 1.

M. Loßnitzer, Veit Stoß. Leipzig, 1912.

G. Dehio und G. von Bezold, Die Denkmäler der deutschen Bildhauerkunst. Berlin o. J. (Tafelwerk).

A. Weese, Die Bamberger Domskulpturen ... 2. Aufl. Straßburg, 1914.

N. Eigenberger, Einige Beiträge zur Kenntnis der in Nürnberg erhaltenen Werke Adam Krafts. Münchner Jahrbuch der bildenden Kunst, IX. Bd., S. 255ff. München, 1914–15.

B. Daun, Veit Stoß und seine Schule in Deutschland, Polen, Ungarn und Siebenbürgen. Kunstgeschichtliche Monographien, XVII. Leipzig, 1916. (2. Aufl.)

D. Stern, Adam Kraft. Studien zur deutschen Kunstgeschichte, 191. Straßburg, 1916.

F. T. Schulz, Das neue Lapidarium des Germanischen Museums. Anzeiger des Germanischen Nationalmuseums, Jahrg. 1921, S. 8ff. Weitere Literatur findet sich verzeichnet in den Anmerkungen dieses Buches und bei:

E. Mummenhoff, Übersicht über die auf Nürnberg bezügliche historische Literatur seit 1870. Mitteilungen d. Vereins f. Geschichte der Stadt Nürnberg, l, 1879.

H. Heerwagen, Verzeichnis der von 1911 bis 1917 erschienenen Schriften und Aufsätze zur Geschichte der Stadt Nürnberg ... Ebenda, XXII, 1918.

H. Sepp, Bibliographie der bayerischen Kunstgeschichte bis Ende 1905. Studien zur deutschen Kunstgeschichte, 67. Straßburg, 1906.

Derselbe, Nachtrag für 1906–1910. Studien zur deutschen Kunstgeschichte, 155. Straßburg, 1912.